AF462092

Xavier de Maistre

CHAPITRE INÉDIT

D'HISTOIRE

LITTÉRAIRE ET BIBLIOGRAPHIQUE

XAVIER DE MAISTRE

TIRAGE A 260 EXEMPLAIRES

Nos 1 à 10, sur papier du Japon, avec une double suite du portrait, numérotés à la presse.

Nos 11 à 260 sur véritable papier de Hollande van Gelder.

No 195

CHAPITRE INÉDIT

D'HISTOIRE LITTÉRAIRE ET BIBLIOGRAPHIQUE

Xavier de Maistre

Préface par H. Maystre.

Notice bibliographique par A. Perrin.

Portrait inédit.

GENÈVE
CH. EGGIMANN & Cie, ÉDITEURS

1895

PRÉFACE

L n'est plus aujourd'hui de papiers inutiles. L'étude d'une œuvre est une étude de biographie psychologique sur l'homme que fut l'auteur. Aussi, la moindre note qui le concerne prend-elle de droit le rang de document et, les tiroirs secrets étant vidés, tant pis pour le personnage s'il n'est plus dans la pose favorable où il avait désiré paraître.

Il n'est que trop vrai, cet implacable labeur de pénétration et d'analyse n'a pas respecté tous nos enchantements. Les dessous remontés à la surface ont troublé bien des admirations. Ce n'est plus qu'en tremblant qu'on se prend d'enthousiasme pour un homme vu à travers la splendeur de ses livres; et la glorification des auteurs dont les écrits nous ont charmés devient un phénomène très rare. Nous avons un peu dissous nos âmes.

L'homme dont les œuvres font l'objet de notre publication est, disons-le tout de suite, de ceux qui n'ont rien à redouter de la plus avide curiosité, et s'il eût été nécessaire d'insister sur la délicatesse de cette âme d'élite, sur sa modestie timide jusqu'à constituer un cas assez exceptionnel d'excessive pudeur littéraire, sur sa discrète générosité, sur la réserve et le silence où il était toujours prêt à se replier pour ne point embarrasser ceux qui s'occupaient de ses intérêts, toutes qualités qui datent d'un autre âge, rien ne serait propre à les établir définitivement comme le groupe de lettres que nous avons la bonne fortune de communiquer ici aux amis du sympathique et charmant Xavier de Maistre.

Nous n'avons pas à écrire une nouvelle

notice biographique sur l'aimable auteur du Voyage autour de ma chambre; *sa vie est assez connue, son œuvre est dans toutes les mains, et c'est comme un repos de rencontrer l'une et l'autre au milieu d'existences plus prétentieuses et de travaux plus retentissants. Nous avons désiré, tout simplement, offrir à ceux qu'intéressent les aventures des chefs-d'œuvre en leurs débuts, un chapitre inédit et certainement peu banal d'histoire bibliographique et littéraire.*

Quoiqu'en pareille matière il faille se méfier des affirmations trop absolues, nous croyons ne point exagérer en qualifiant de rareté le recueil que nous publions. Ce sont les lettres et les pièces diverses échangées à propos de la première édition complète — première édition d'ensemble serait un terme plus juste — des œuvres de Xavier *de Maistre, parue en* 1825 *à Paris chez Dondey-Dupré et Ponthieu, en trois tomes grand* in-18. *Il est déjà assez difficile de rencontrer un dossier de ce genre. A celui-ci rien ne manque, pas même le traité, pas même les reçus, pas même la liste des destinataires des exemplaires offerts; mais ce qui, sans parler de l'intérêt attaché à la personnalité de* Xavier de Maistre, *fait à ce dossier une piquante originalité, c'est son allure vivante et franche, l'imprévu, l'épisode, un cahier égaré et retrouvé, le choc des avis, la note comique dans telle appréciation sur la valeur des manuscrits. Cette correspondance est donc plus qu'une simple négociation commerciale; le cœur et l'esprit des hommes qui l'ont échangée, lui ont imprimé un plus haut caractère.*

Sans être des inconnus, ces hommes — Xavier de Maistre excepté — ne sont pas des célébrités. Seul le bibliothécaire de six pieds, Valéry, *le bon géant qui arrive pour dénouer d'un mot les situations embrouillées, a son nom dans les dictionnaires. Il fut sous Charles X conservateur des bibliothèques de la couronne et, sous Louis-Philippe, bibliothécaire du palais de Versailles; il a écrit des récits de voyages estimés, mais pour nous un de ses meilleurs titres restera la belle confiance inébranlable et active, qu'au milieu de l'inquié-*

tude et de l'hésitation, il n'a cessé de témoigner au succès de l'œuvre de Xavier de Maistre.

Le baron de Mareste *n'était pas à proprement parler un écrivain ; il ne faisait guère que du journalisme intermittent, mais jamais homme plus serviable n'eut dans le monde des lettres de plus illustres amis. Lamartine, Stendhal qui lui écrivait presque chaque semaine et, par époques, presque chaque jour pour le charger de mille démarches, et qui ne manquait pas de l'égratigner à l'occasion, Mérimée, le voyageur Jacquemont savaient mettre à l'épreuve sa bienveillance inépuisable et connaissaient le chemin du bureau des passeports qu'il dirigeait pendant la Restauration à la préfecture de police. Ce fut à sa réputation de complaisance bien acquise qu'il dût d'être choisi pour trouver un éditeur à Xavier de Maistre, avec qui il avait eu, du reste, dans sa jeunesse, quelques relations. A ses autres qualités le baron de Mareste joignait l'esprit d'ordre. C'est lui, en effet, qui a formé soigneusement la collection que nous publions ; et qui même,* pour ne point laisser de lacunes, a poussé la prévoyance jusqu'à y classer les brouillons de ses propres lettres.

C'est à une lettre de Xavier de Maistre lui-même à M. Edouard Diodati de Genève que nous renverrons (voir l'appendice) ceux qui désireraient quelques détails sur le Baron de Vignet, le fils de sa sœur Marie-Christine, l'ami de Lamartine. Nous nous bornerons ici à remarquer que c'est le Baron de Vignet qui donne la note gaie. Tout en témoignant pour son oncle la plus vive affection, tout en s'associant à la bonne action discrète à laquelle, comme on le verra, Xavier de Maistre veut participer par la vente de son manuscrit, c'est lui le moins admiratif, le plus inquiet. Le souci de la réputation littéraire de son oncle va jusqu'à lui inspirer des jugements sévères et entêtés que la postérité n'a pas ratifiés. L'Expédition nocturne lui parait si franchement mauvaise qu'il offre de son argent, pour en arracher le cahier aux éditeurs heureusement secondés dans leur résistance par l'homme de foi, le bon M. Valéry.

Sans apporter à l'histoire littéraire aucune révélation capitale, il se pourrait, cependant, que la publication de ces lettres ait pour résultat un examen nouveau de quelque détail intéressant. L'attitude de Madame de Duras, *par exemple, ne nous y apparait pas aussi dédaigneuse que Sainte-Beuve nous la représente. Bien au contraire, c'est elle qui anime le zèle de Valéry, dépêche son libraire, s'emploie, enfin, à un succès, dont ici au moins, il serait impossible de supposer qu'elle ait douté.*

Nous ne terminerons pas sans exprimer notre gratitude à ceux qui, avec une bonne grâce parfaite, ont enrichi de leur concours cette publication : M. de Buttet, *le petit-fils de Jeanne-Françoise de Maistre, à qui nous devons le beau portrait inédit en costume militaire russe, reproduction d'une aquarelle conservée au château de Borgo près de Turin; et M.* A. Perrin *de Chambéry qui a bien voulu distraire de l'ouvrage considérable qu'il prépare sur les écrivains de Savoie, la bibliographie des œuvres de Xavier de Maistre; étude si documentée et si fournie qu'il ne nous semble pas téméraire de la qualifier définitive et digne par conséquent d'être classée.*

Xavier de Maistre ne tolérait, en fait de préfaces, que les très courtes introductions. Sans consentir à cette réserve, qui chez lui allait jusqu'au goût de l'effacement, nous ne le trahirons pas davantage. Aussi bien ni son œuvre, ni sa vie ne sont motifs à pesants travaux critiques ; on n'éclaire pas la clarté et on n'appuie pas sur la grâce.

HENRY MAYSTRE.

Genève, mai 1895.

LETTRES

1823-1836

Du baron L. de Vignet au baron de Mareste à Paris.

Londres, 27 juin 1823.

JE ne sais plus rien de vous mon cher Mareste, depuis le départ de Lamartine. Il faut donc que je vous demande directement de vos nouvelles. Vous m'aviez parlé d'un projet très important qui semblait présenter des chances très favorables. Est-il réalisé? Etes-vous, ou allez-vous devenir un heureux mari; ou bien ce songe-là a-t-il été détruit et l'avez-vous remplacé par un autre? Il faut absolument que vous me disiez cela; que vous finissiez ce chapitre commencé à l'hôtel de Rastadt, au coin du feu, *ragionando delle cose patrie*, et de votre espérance de rallumer le foyer éteint de Montfleury. Vous savez assez quel plaisir j'aurais à voir votre bonne et antique race se replanter dans la terre qui l'a nourrie si longtemps.

Ce n'est pas avec vous, mon cher Mareste, qu'il faut s'amuser à des préambules; je vous ferai donc une requête au nom d'un homme que vous avez connu et aimé. Mon oncle, l'auteur du *Lépreux* m'a envoyé deux petites nouvelles manuscrites, en les soumettant au jugement de moi chétif, et me donnant liberté entière de les faire imprimer ou de les garder dans mon portefeuille, selon que je les trouverai dignes ou non d'être lancées dans le monde. L'une est l'histoire vraie et tout à fait simple d'un major russe fait prisonnier par les *Tchitchens*, espèce de barbares habitant dans les montagnes du Caucase; l'autre est l'*Histoire véridique de Prascovie Lopouloff* que Mme Cottin a arrangée et embellie sous le nom d'*Elisabeth* ou *Les Exilés de Sibérie*. Mon oncle a connu cette jeune personne qui est venue du fond de la Sibérie à Saint-Pétersbourg, demander et obtenir la grâce de son père. Mais elle n'était aidée ni soutenue par aucun amour, que celui de Dieu et de ses parents. Son histoire véritable est fort touchante. Mais je crois qu'elle a perdu d'avance son intérêt, par le roman de Mme Cottin. Ainsi, je n'en espère pas grand'chose. Les aventures du *Major* réussiront, ce me semble; ajoutées au *Lépreux* que tout le monde redemande, cela ferait un bon petit volume, qui pourrait bien se vendre, et le produit en serait consacré à une pauvre famille d'*émigrés savoyards* dont le nom ne vous est pas inconnu.

Je suis si loin ici du monde littéraire, que je ne puis savoir ce qui lui plait ou lui déplait. Mais vous, mon cher Mareste, qui êtes au milieu de toutes les affaires, de tous les livres, de tous les goûts de l'époque, ne serez-vous pas assez bon et assez complaisant pour prendre ces deux cahiers sous votre protection, les lire, les juger impartialement, et suivant ce qui vous en semblera, me les renvoyer sans mot dire ou les lancer dans le monde. J'ai écrit à mon oncle, qu'un de mes amis, qu'il avait connu jadis, consentirait très probablement à lire, à corriger ces deux manuscrits ou à les condamner à l'oubli, si telle était son opinion. Cependant, je ne vous ai pas nommé, n'osant, malgré votre obligeance qui m'est si bien connue, disposer ainsi de vous, sans vous consulter. Ecrivez-moi donc quelques lignes, *pour ma gouverne*, et en attendant, laissez-moi vous assurer que si vous dites *oui*, vous me ferez un véritable plaisir, et que vous rendrez service à Xavier de Maistre.

. . . .

Adieu, vous verrez bientôt, je pense, un autre volume des *Méditations poétiques*. Il croit lui-même qu'il sera très beau. Je voudrais qu'il parût le plus tôt possible. J'ai besoin d'un aliment de cette nature pour supporter ici une foule de choses peu supportables. Adieu encore, croyez-moi *truly yours now and for ever*.

L. DE VIGNET.

11, Hill street, Berkeley sq^re^.

Du même au même.

Londres, 1er août 1823.

VOILA, mon cher Mareste, les deux enfants de mon oncle, que vous m'avez promis de prendre sous votre protection. Je vous les confie et vous les recommande *ben sette e sette volte*. Je pense avec un grand plaisir que leur entrée dans le monde sera, grâce à vous, heureuse et à l'abri de toute disgrâce pour la réputation. Vous avez tant d'esprit, vous connaissez tant de gens d'esprit, qu'à l'ombre de vos ailes, mes deux *cousins germains* pourront être bien reçus.

Nous les prônerons d'avance comme bien s'entend. Je vous enverrai dans quelques jours un article pour le *Journal des Débats*. Vous le ferez remettre à un de vos amis qui se chargera de ce soin, et qui fera lui-même leur éloge dans le *Drapeau blanc*. Il faudra que vous tâchiez d'en faire dire du bien dans le *Constitutionnel*. Il n'y a dans ces manuscrits aucune phrase qui ait trait, même indirectement, à la politique. Ainsi les ennemis peuvent les louer également, à moins que le livre ne les ennuie, ou qu'eux-mêmes n'ayent le diable au corps.

J'ai corrigé ici et là des points, des virgules, quelques mots un peu trop allobroges. Vous corrigerez les corrections. Je vous y autorise de tout mon cœur. Il semble que ce soit facile de changer vingt mots dans un opuscule insignifiant, et cependant, toute reflexion faite, ce n'est point aisé.

Le comte de Maistre (le feu chancelier), avait permis à son imprimeur, je ne sais plus lequel, de faire une édition du *Voyage autour de ma chambre* avec le *Lépreux*. Je ne sais point quelles furent les conditions de ce marché. Si rien ne s'y oppose, je voudrais faire imprimer le *Lépreux* avec le *Major* et *Prascovie*; car la touchante histoire de ce vilain galeux ne se trouve plus nulle part, et tout le monde la redemande. Elle porterait bonheur au reste. J'ai écrit à Paris pour connaître les susdites conditions. Je vous en instruirai au plus tôt. Ainsi, ne parlez point à un libraire avant d'avoir reçu une autre lettre de moi.

Mon oncle ne veut pas absolument que l'on réimprime le *Voyage autour de ma chambre*, ni que l'on fasse mention de son nom. Nous mettrons seulement, (si nous imprimons le *Major* et *Prascovie* seuls), *par l'auteur du Lépreux*. Ensuite, dans les articles de journaux, nous le désignerons de telle manière que son nom ne soit pas plus clair.

Prascovie était écrit dans le cours du manuscrit

tantôt par un *k* tantôt par un *c*; mais lui l'a écrit de cette dernière façon sur le titre qui est seul de son écriture. Ainsi nous mettrons le *c* qui *looks lett Barbarian*. Je vous parlerai plus au long sur tous ses désirs dans ma prochaine lettre.

Je craignais, mon cher ami, que votre beau rêve n'eût échoué, puisque vous ne m'en disiez rien. Je suis bien affligé de voir mon pressentiment vérifié. Mes châteaux, comme les vôtres, se détruisent l'un après l'autre. Courage et patience et espérance dans le Grand Maître, auquel vous croyez autant que nous.

. . . .

Adieu, mon cher Mareste, je n'ai plus de temps et ma plume s'opiniâtre à ne vouloir plus écrire. *Believe me truly yours.*

L. DE VIGNET.

Du même au même.

Londres, 17 octobre 1825.

VOUS avez de la peine à concevoir, mon cher Mareste, pourquoi je ne vous écris plus, après vous avoir annoncé ces manuscrits et les avoir tant recommandés à votre obligeance. Mais deux mots vont tout expliquer. *Ils sont perdus*, ou du moins, depuis deux mois et demi, je ne puis encore découvrir ce qu'ils sont devenus.

J'attendais, ainsi que je vous l'avais dit dans ma lettre du mois de juillet, une occasion pour envoyer jusqu'à vous ces deux opuscules, sans que les douanes les arrêtassent en chemin. Le 1er août, un gentilhomme de l'ambassade d'Autriche, le comte de Colloredo, partait en courrier pour Paris, où il devait passer quelques jours avant de se rendre à Vienne. J'allai chez lui le matin, je lui parlai de mon rouleau de papiers. Il me dit qu'il s'en chargerait avec plaisir. Je lui répétai trois fois que s'il ne pouvait trouver place dans son portefeuille, je le priais de le rendre au domestique qui le lui apporterait, et qui attendrait ses ordres à cet égard. Mon domestique à qui je le remis dans l'après-midi le porte adressé à vous à l'Ambassade d'Autriche. M. de Colloredo lui fait dire que le rouleau serait porté à Paris. Quatre jours après, je passe à l'ambassade. Le chargé d'affaires me dit, après avoir fouillé tous les recoins de la chancellerie, que le rouleau était parti et qu'il se souvenait de l'avoir vu mettre dans le portefeuille. J'attendis une semaine ; je ne recevais rien de vous, mon cher ami. J'écrivis à M. de Thorn(?) secrétaire de l'ambassade d'Autriche à Paris, auquel j'avais recommandé le dit rouleau par une lettre remise en même temps à M. de Colloredo. M. de Thorn me répondit qu'il n'avait point vu ce rouleau, annoncé par ma lettre. Je me hâtai d'écrire à M. de Colloredo, à Vienne. J'ai attendu un mois. Il vient de me répondre que le rouleau avait sûrement été mis dans le portefeuille, et qu'il avait, sans doute, été égaré dans la chancellerie de l'ambassade, à Paris, ou porté à une fausse adresse. Le fait est qu'il est perdu, et que j'en suis désolé. Vous voyez cependant que je ne pouvais pas prendre plus de précaution. J'ai remué ciel et terre pour en avoir des nouvelles, mais vainement, et je ne sais par où commencer la lettre que je dois écrire à mon oncle pour lui annoncer cette ennuyeuse nouvelle. Au moins, mon cher Mareste, à présent que vous savez cette lamentable histoire, vous pouvez, si ces manuscrits égarés et tombés entre les mains de quelque forban littéraire, venaient à être annoncés dans les journaux, vous pouvez vous hâter d'écrire dans ces mêmes journaux, que cette publication est un vol manifeste, que l'histoire du major Kascambo et celle de Praskovie Lopouloff sont du comte de M., raconter l'accident avec les dates et les initiales, et poursuivre le dit forban comme un gueux. Ce cas arrivant, je prendrais moi-même l'affaire en mains, et la mènerais, je n'en doute pas, à la honte complète du vilain qui essayerait un vol de cette nature.

Mon oncle me charge de vous faire mille amitiés. Il se souvient de vous comme s'il vous avait vu hier. Vous aviez traduit en italien son *Ode à la lune*, et vous vous annonciez comme une vigoureuse plante. Il est heureux d'apprendre qu'elle se soit chargée de tant de beaux fruits. Il me dit qu'il serait charmé si vous vouliez être son correspondant à Paris, c'est-à-dire lui permettre de vous écrire deux lettres par an, pour vous interroger sur une foule de choses qui se font, se disent ou s'impriment dans votre Babylone.

Nous y avons vu clair, mon cher ami, dans cette guerre d'Espagne qui effrayait tous les nigauds en décembre dernier. La voilà finie par miracle, avec un bonheur et un honneur qui donnent aux Bourbons *quinte et bisque* pour l'avenir. Tout le reste ira à plaisir, si l'on est sage. L'opposition de la prochaine année va faire une pauvre figure, et le ministère grandira d'autant.

. . . .

Adieu, mon cher Mareste, espérance et courage. Voilà ce que je désire pour vous et pour moi. Je vous embrasse *di cuore* et suis tout à vous.

L. DE VIGNET.

De M. de Mareste à M. de Vignet.

Paris, le 23 octobre 1823.

RASSUREZ-VOUS, mon cher Vignet, j'ai vos manuscrits depuis le 7 août; ils m'ont été remis, ou pour mieux dire, ils ont été déposés chez moi par une personne qui n'a laissé ni son nom ni son adresse. Le 11 août, je vous ai écrit à Londres Berkeley Square, pour vous accuser réception de cet envoi; je trouve cette date dans mon livre de souvenirs. Je ne conçois pas comment cette lettre ne vous est pas parvenue; c'est la première fois que pareille chose m'arrive. Depuis cette époque, je ne vous ai pas écrit, parce que vous me mandiez que je ne devais pas me hâter de conclure un marché avant de savoir s'il y avait propriété pour le *Lépreux*, que vous prendriez des informations à cet égard et que vous me donneriez ensuite un ultimatum. J'ai pensé qu'il vous fallait une réponse de Russie, et, vu l'éloignement, je trouvais votre silence tout naturel. Maintenant que j'apprends toutes vos inquiétudes, je regrette bien de ne pas vous avoir écrit une seconde fois. Mais enfin, il n'y a point de mal, seulement un peu de peur dans notre fait; ainsi, apprenez que je suis toujours *ai vostri commandi*, ainsi qu'à ceux de votre très aimable oncle. Remerciez-le de son souvenir; malheureusement, la plante qui s'annonçait avec vigueur a été frappée de stérilité.

Je vous répéterai donc, puisque vous n'avez pas reçu mon premier avis, que les deux nouvelles m'ont fait grand plaisir; il y a dans celle du *Major* deux scènes dignes de W. Scott; c'est pour moi le nec plus ultra de l'éloge. *Praskovie* est écrite avec un peu de négligence, mais le fond en est admirable; à mille piques au-dessus du bavardage sentimental et correct de Mme Cottin. Puisque j'en ai le pouvoir, je retrancherai quelques lieux communs, quelques moralités un peu triviales. Je laisserai subsister quelques locutions qui sentent le terroir du Dauphiné et de la Savoie, parce que ces locutions sont claires et énergiques. Il n'y a pas un mot à changer dans l'histoire de *Kascambo*.

Maintenant, que dois-je faire? La librairie Delaunay a la propriété du *Lépreux*; c'est une manière d'arabe, de juif entêté et je voudrais bien pouvoir traiter avec un autre pour ces deux manuscrits. Autre observation : si on laisse pressentir que les dites nouvelles sont de l'auteur du *Lépreux*, elles se vendront, sinon non. Il faut aux libraires des réputations toutes faites. J'attends votre réponse.

Lamartine a un très grand succès, malgré les âneries que les journaux libéraux ont débitées sur la

Mort de Socrate et sur le second volume des *Méditations*. Le second ouvrage surtout contient des choses admirables. Je ne connais en poésie française rien de supérieur à l'admirable méditation intitulée *Buonaparte*. Elle est imitée de l'ode italienne de Manzoni. C'est le même sujet, mais c'est l'imitation d'un homme de génie. Je l'ai vu ici, quelques jours, ce cher Lamartine; sa santé se raffermit, quoiqu'il en dise; son visage dément ses paroles.

(*Les dernières lignes du brouillon de Mareste sont illisibles.*)

Du baron de Vignet au baron de Mareste.

Londres, 3 novembre 1823.

C'EST une véritable fatalité qui m'a fait attendre si longtemps votre lettre, mon cher Mareste, mais enfin, elle est arrivée. Que Dieu en soit loué. Mais quelle peur j'ai eue en l'ouvrant. Figurez-vous comme j'étais vexé, ennuyé, désappointé de devoir écrire à mon oncle : *vos manuscrits sont perdus.* Au reste, il m'a écrit lui-même dernièrement d'arrêter l'impression, si, par hasard, j'étais encore à temps, et d'attendre qu'il m'ait adressé un troisième opuscule qui ira avec le *Major* et *Prascovie*, et devra être arrivé à Paris vers les premiers jours de janvier. Ainsi donc, il n'y a point de temps perdu. Nous en avons devant nous pour faire toutes les corrections nécessaires. Je vous verrai en février et nous conviendrons de nos faits ensemble. J'aurai beaucoup de choses à vous dire, et je vous invite d'avance à quelques bons petits dîners de garçons à l'hôtel de Rastadt, pour traiter quelques sujets intéressants avec tout le confort nécessaire.

Rien ne nous empêchera de faire imprimer le *Lépreux* et les trois autres *together*. Mlle de Maistre m'a écrit qu'il n'y avait point eu d'arrangement de prix pour le *Lépreux* et qu'il n'appartient qu'à son auteur. Ainsi nous avons carte blanche. Mon oncle (le chancelier) avait mis la préface que vous avez lue en tête de la dernière édition pour confondre l'effronterie d'un officier russe qui avait *vendu le petit opuscule comme sien après en avoir donné lecture dans les salons de Paris*. Mais comme il avait eu le profit, il s'est moqué de la honte.

J'ai lu et relu, comme bien vous pensez, le *Socrate* et les *Méditations*. Le premier n'est fait que pour les connaisseurs. Je n'en voudrais retrancher que quelques vers qui forment une image trop tendre et rappellent trop l'amour socratique.

Les *Méditations* sont touchantes de vers charmants et toutes brillantes de vers inspirés. Peut-être sont-elles moins soignées que les premières, mais les taches bien légères peuvent s'enlever d'un souffle. Notre ami sera un des hommes qui aideront le plus à briser la croûte épaisse qui couvrait notre littérature. Les gens d'esprit s'en mêlent et le torrent va dans ce sens. Il y a de quoi emporter des rochers.

Je suis bien affligé de ce que vous me mandez sur la non réussite de vos projets.

Espérez et confiez-vous en ce *je ne sais quoi* inconnu et présent qui nous donne l'air, l'âme et la vie, auquel il faut croire malgré soi et que l'on se repent toujours d'avoir connu trop tard. Je puis vous citer les tristes expériences de trois hommes que vous voulez bien estimer.

Adieu, mon cher Mareste, je laboure et je rame comme vous...

L. DE VIGNET.

Du chevalier Xavier de Maistre
à M. de Mareste.

Saint-Pétersbourg, 12 mars 1824.

MON neveu m'assure, Monsieur, que vous ne refuserez pas d'entrer en correspondance avec moi au sujet des petits opuscules qui sont maintenant entre vos mains. Sur sa parole, donc, et encouragé par d'anciens souvenirs, je vais vous parler comme si trente ans ne nous avaient pas séparés. Je serais d'autant plus charmé d'être en relation directe avec vous, que celle que j'ai avec Louis est trop incertaine, soit par la rareté des courriers, soit peut-être par un peu de paresse de la part de mon cher neveu. Quoi qu'il en soit, voici le sujet sur lequel je réclame votre amitié et vos services.

Je viens de terminer une seconde partie du *Voyage autour de ma chambre*, du même volume à peu près que la première, c'est une *expédition nocturne* de quatre heures. Pour avoir des juges compétents, j'ai invité toute l'ambassade française à une lecture que j'en ai faite. Les hommes et les dames m'ont paru fort contents, mais vous savez ce que c'est qu'une lecture, et combien on est sujet à se faire illusion; ainsi, je ne regarde pas la partie comme gagnée; cependant, Messieurs de Fontenay et de Lagrenée que peut-être vous connaissez et qui me paraissent de bons juges, m'ont assuré en honneur et conscience, que cette seconde partie vaut mieux que la première. Maintenant, si vous y consentez, je vous enverrai cela, dès que vous m'aurez répondu, et comme mon neveu doit passer à Paris au printemps, vous laverez ensemble mon linge sale, et vous déciderez en comité s'il convient de faire une seconde édition des deux parties à la fois, et d'y joindre les deux opuscules, ou bien de faire toute autre chose suivant votre bon plaisir. Ces messieurs dont je vous ai parlé m'ont offert obligeamment de se charger eux-mêmes de la rédaction et de l'envoyer à Paris en me répondant du succès, mais outre que je ne suis pas aussi persuadé qu'eux de ce succès, une semblable entreprise exige résidence et surveillance, et personne mieux que vous, Monsieur, ne pourrait me rendre ce service. Mon neveu me marque dans une de ses lettres que le premier *Voyage* a eu en général peu de succès en France. Je vous avoue que je ne suis pas de son avis, d'après les nombreuses éditions que cette bagatelle a eues, sans que je m'en sois mêlé, et c'est pour cette raison, que je suis plus empressé de vous charger personnellement de la fatigue des corrections, à moins que vous pensiez aussi comme lui, ce que vous me direz franchement. Vous savez, je suis sûr, quel est le but pour lequel je publie ces opuscules qui n'auraient jamais vu le jour si je n'avais que le mobile de la vanité d'auteur. Je me suis mis à l'ouvrage par devoir et à peu près comme un cordonnier s'assied pour faire une paire de bottes ; puis le plaisir et le courage sont venus en travaillant et j'ai été bien aise d'y avoir été forcé. Mon avis serait qu'on fît une édition des deux parties en un seul volume, et un autre petit volume en même temps des trois opuscules *Kascambo, Prascovie* et le *Lépreux*. M. de Fontenay croit, au contraire, qu'il vaudrait mieux faire imprimer séparément la deuxième partie, puis, si elle réussit, faire une autre édition privilégiée du tout. Je laisse cela à votre bon jugement. Vous êtes sur les lieux et savez mieux que moi ce qu'il faut faire. Pour que je puisse vous envoyer le manuscrit, il serait bon que vous me donnassiez l'adresse de quelqu'un de la légation russe, sous le pli duquel je pourrais vous l'adresser, ce qui rendrait l'envoi d'ici plus facile et surtout plus sûr. Mon adresse à moi est : sur la place du théâtre de Pierre, maison Aninkoff, n° 211. Il part souvent des courriers, et d'ailleurs la comtesse de Ferronay part au mois de mai et je pourrai profiter de cette occasion sûre, si je n'en trouve pas de plus prochaine. Ayez, je vous prie, l'extrême complaisance de me répondre de suite, soit par l'ambassade russe, soit par la française ou par la poste si vous le jugez à propos. Vous pouvez, en attendant, parler à un des libraires qui ont fait une édition du *Voyage*. Un M. Barbier, bibliothécaire de je ne sais quelle bibliothèque publique, a été le rédacteur de la dernière, et m'avait écrit, dans le temps, pour avoir *ma pratique* dans le cas où je voulusse publier quelque chose. Vous pourriez aussi savoir à peu près et d'avance ce qu'on pourrait faire.

Voilà ma confession finie. Je vous prie de ne pas trouver mauvais que je m'adresse avec tant de sécurité à vous. L'amitié que vous portez à mon excellent neveu doit se porter en partie sur l'oncle, et je suis tranquille à cet égard. Aussi, sans finir par le protocole ordinaire de la considération distinguée que j'ai bien certainement pour un aimable et bon compatriote, je me bornerai à vous prier de m'accorder votre amitié et d'agréer celle que je vous offre de bien bon cœur.

MAISTRE.

De M. de Mareste a M. Xavier de Maistre.

Paris, 28 avril 1824.

L'*Expédition nocturne* est arrivée à bon port, Monsieur. J'ai reçu pareillement votre lettre du 12 mars et je m'empresse de vous assurer de mon vif désir de remplir toutes vos intentions. Je me rappelle et votre personne, et vos discours et l'*Ode à la lune* et 1799 beaucoup mieux que la journée d'hier ; c'est vous dire que j'ai conservé pour vous les sentiments d'une amitié sincère, et pour vos ouvrages un intérêt qui se mêle à tous les souvenirs de ma feue jeunesse.

J'ai eu deux ou trois fois de vos nouvelles depuis vingt-six ans ; d'abord par un officier français qui vous a vu à Dantzig en 1814 ; puis par votre neveu L. de Vignet et enfin par *le Lépreux de la cité d'Aoste* dans lequel j'ai reconnu une vive étincelle de ce qu'on appelle ici le genre romantique et que j'appelle tout uniment le genre vrai, naturel, non imité et dégagé de toute convention.

Depuis un an j'ai dans mon tiroir le *Major Kascambo* et *Prascovie*. J'attends un avis de votre neveu pour les faire imprimer; mais j'ai appris que vous désiriez y joindre quelque chose encore pour compléter le volume. Il s'agisssait de l'*Expédition nocturne*. Nous sommes prêts maintenant.

J'ai déjà parlé à deux libraires; je crois que je m'arrangerai avec Delaunay qui avait déjà imprimé précédemment le *Lépreux* et le *Voyage autour de ma chambre*. Votre Barbier a disparu. Il était bibliothécaire du Conseil d'Etat. Il a été destitué... Vignet qui sera ici dans le commencement de juin m'aidera à terminer les arrangements d'argent. Je ne sais point sur quel pied vous désirez traiter à cet égard et je n'ai aucune connaissance de l'emploi que vous voulez faire de la somme que vous retirerez. Je suis d'avis de faire deux volumes. Le premier contiendra le *Voyage* et l'*Expédition*, le second le *Lépreux* et les *deux nouvelles*. Je joindrai peut-être un avertissement d'éditeur en dix lignes. Après mûres réflexions, je retrancherai quatre pages de l'*Expédition*; j'ai retranché quelques mots dans *Prascovie*, mais il n'y aura aucun changement de fait. Je présume beaucoup de *Kascambo*.

Mme O. C. (1) qui a refait le *Lépreux* est une espèce de folle ridicule qui a débuté par s'échapper à seize ans de son pays. Elle est venue tout essoufflée chez Talma... Elle a tenu tout ce que promet-

(1) Olympe Cottu.

tait un début aussi heureux. Elle a fait des romans en beau style. Le motif qu'elle a donné pour corriger le *Lépreux* est qu'il n'était pas assez religieux. Elle l'a chargé à couler bas de phrases sentimentales. On s'est moqué d'elle, et vu la grande habitude, elle n'y a pris garde.

(Deux pages de jugements pessimistes sur l'art et la littérature. Le sens en est facile à deviner mais ils ne sont qu'indiqués en abréviations à peu près illisibles dans le brouillon de M. de Mareste.)

De M. X. de Maisrre à M. de Mareste.

Saint-Pétersbourg, 11 mai 1824.

MONSIEUR de Lagrenée, attaché à l'ambassade française veut bien se charger de cette lettre pour vous, mon cher compatriote, et me promet de vous la remettre lui-même. Voici la troisième épître que je vous adresse, assez indiscrètement peut-être et sur l'assurance de mon neveu qui, dans une de ses lettres, me persuade que vous ne vous refuserez pas à une correspondance directe avec moi. M. de Lagrenée que vous serez bien aise de connaître, ayant su que je vous priais d'être le rédacteur du petit ouvrage que je vous ai envoyé, a voulu vous voir et vous parler à ce sujet : il a assisté à la lecture que j'en ai faite, et se trouve très bien disposé en sa faveur. J'ai accepté avec d'autant plus de plaisir l'offre qu'il m'a faite de vous porter cette lettre, que n'ayant plus de nouvelles de Vignet depuis un temps infini, et sachant qu'il a passé à

Paris sans m'écrire, j'imagine que le projet de publication des deux petites anecdotes est tombé dans l'eau. Je désirerais donc, si cela est, que vous les envoyassiez à mes sœurs en Savoye, pour qu'elles voient au moins ma bonne volonté et qu'elles en fassent ce qu'elles voudront. Quant au *Voyage nocturne*, j'attends aussi que vous m'en disiez votre avis avec une franchise savoisienne. S'il est possible d'en tirer parti, je compte sur votre obligeance, et je pense que M. de Lagrenée pourra vous aider dans cette négociation, mais dans le cas où la chose ne s'arrange pas, pour dernière ressource, vous m'obligeriez sensiblement en le faisant aussi passer à mes sœurs, à la bonne ville, avec les deux premiers opuscules. Je dois encore vous prévenir que le dernier manuscrit vous a été porté par M. de Gervais, secrétaire de la légation russe à Paris, qui a promis de vous le faire remettre en main propre, car à une telle distance, il faut prévoir tout et même admettre que vous ne l'ayez pas reçu, afin que vous puissiez le faire demander. Je ne connais pas ce M. de Gervais, mais un de mes amis lui a remis le paquet et reçu sa promesse. Il doit être à Paris depuis longtemps.

Je suis bien persuadé que lors même que je ne vous aurais pas demandé, par cette occasion, des renseignements et vos avis, vous me les auriez donnés en réponse à mes premières lettres, mais il me semble que mon impatience de recevoir de vos nouvelles est soulagée en vous écrivant, et je fais comme les bonnes gens qui se mettent à la fenêtre pour faire arriver plus vite les personnes qu'elles attendent. Je me suis décidé si brusquement à vous envoyer le manuscrit que j'ai laissé deux choses à effacer. Dans le chapitre 37 (1) : *Sur les bords de la Doire*, lisez : *Sur les bords du torrent*, parce que cette Elisa existe encore auprès de la Doire et je ne veux pas la désigner. Ensuite, dans le chapitre 33 (2), il y a une plaisanterie sur M. de Chateaubriand qui a parlé avec irrévérence de nos montagnes dans ses opuscules ; il faudrait ôter quatre ou cinq lignes qui commencent par : *De là vient peut-être qu'un des plus grands écrivains de nos jours...* Comme M. de Chateaubriand est un écrivain que j'aime beaucoup, je ne voudrais pas l'offenser, quoiqu'il ait bien mérité d'être mystifié par tout honnête montagnard.

J'imagine que bientôt après avoir reçu cette lettre, vous verrez Louis à son retour de Savoye. Vous pourriez donc avoir une bonne séance pour les corrections à faire. Je ne suis pas étonné que, dans le malheur qui vient de frapper sa famille, il ne m'ait pas donné de ses nouvelles, mais j'espère qu'à son passage à Paris, il m'en donnera de détaillées. En attendant, recevez, je vous prie, Monsieur, l'expression de toute ma reconnaissance pour les soins que vous avez bien voulu prendre et pour ceux à venir, et croyez aux sentiments bien sincères de votre dévoué serviteur.

MAISTRE.

(1) Par suite de remaniements ultérieurs, c'est le chap. 26 (Note de l'éditeur).

(2) Chap. 32 (Note de l'éditeur).

P. S. En relisant les lettres de Vignet, je vois que j'avais annoncé jadis une nouvelle anecdote à laquelle j'ai renoncé. Je n'ai pas manqué d'instruire mon neveu de ce changement de projets, mais il peut se faire que cette lettre se soit perdue, et que vous attendiez encore ce bel œuvre qui n'arrivera point, parce qu'il rentrait trop exactement dans le commun des romans. Il faudra donc, si cela est possible, faire un petit volume du *Lépreux*, de *Kascambo* et de *Prascovie*, et le faire paraître en même temps que le *Voyage* et finir ainsi ma carrière littéraire. J'ai été si maltraité par votre *Journal de Paris*, au sujet d'une fable, que je ne suis pas sans inquiétudes (puisqu'on ne peut éviter des personnalités) d'être plus maltraité encore pour les opuscules. J'avais tenté de répondre au *Journal* mais on me l'a déconseillé, vu le peu de mérite de cette feuille.

M. de Vignet à M. de Mareste.

J'AURAIS répondu depuis bien des jours, mon cher Mareste, à la lettre que vous m'avez écrite par Nasi, si je n'avais attendu d'en causer un peu avec un de mes oncles, que celui de Pétersbourg a prié de faire en son nom, avec le produit possible des *Nouvelles moscovites*, la bonne œuvre dont je vous ai parlé. Il était à la campagne à quelques lieues d'ici et je l'attendais d'un jour à l'autre. Il se félicite entièrement, comme vous pensez bien, dans l'intérêt qu'il porte au succès de ces opuscules, que vous vouliez bien en être l'éditeur. Tout ce que vous ferez, tout ce que vous déciderez, sera décidé et fait pour le mieux.

Il faut demander cent louis de la première édition, afin d'en obtenir 1800 fr. comptant. Je crois, comme vous, que ce sera le nec plus ultra. Je persiste à penser qu'il faudrait réimprimer le *Lépreux* qui a eu un succès si bien mérité, et qui est redemandé généralement, et intituler le tout : le *Lepreux*, etc., troisième ou quatrième édition, suivi de X X. Ces opuscules auraient l'air de ne venir que subsidiairement. On serait bien aise de les trouver là. Quant à l'*Expédition nocturne* je suis de votre avis, le genre est bien usé. Je serais curieux de la lire avec vous et de vous aider à la laisser de côté si elle ne paraît pas digne d'exciter l'intérêt. Au reste, deux ou trois mois de plus ou de moins sont insignifiants en cette matière. J'arriverai à Paris dans les derniers jours d'août ou les premiers jours de septembre. Nous pourrions arranger tout cela ensemble après un tranquille déjeuner à l'hôtel de Rastadt, et nous aurions l'élégant auteur d'*Ourika* pour prôner les nouveaux venus et les faire prôner dans les journaux par ses deux principaux adeptes. Vous savez du reste que nos opuscules tomberont à plat si le *Journal des Débats* en dit du mal, et il n'y manquerait pas, si nous n'avions pas l'air de désirer pour eux le suffrage de la Duchesse (de Duras), d'autant plus qu'elle m'écrivait, il y a quelques jours, qu'elle avait la plus grande envie de les lire. Vous me direz que vous pourriez les lui envoyer, mais vous savez comme les indiscrétions littéraires se traitent légèrement dans les plus beaux salons. Le *Lépreux* a été jeté de la même manière dans le monde et imprimé à l'insu et au détriment de mon oncle.

Pesez donc, dans votre sagesse, mon cher Mareste, les avantages et les inconvénients que vous trouverez à faire imprimer tout de suite ou à renvoyer à l'automne; je vous le répète, tout ce que vous jugerez convenable de faire sera pour le mieux, en tout état de cause. Je suis bien aise que cette occasion vous ait mis en correspondance suivie avec mon oncle que vous aimiez déjà et que vous aimerez plus encore. Je suis sûr qu'il trouvera le plus grand plaisir dans ces nouveaux rapports.

Adieu, mon cher Mareste. Ce moment où tous les Savoyards se rapatrient pour faire au Roi les honneurs de leurs chères montagnes, ce moment me fait penser avec *rammarico* à M. de Montfleury. Dites-le lui quand vous lui écrirez. Adieu encore.

V.

De M. X. de Maistre à M. de Mareste.

JE reçois à l'instant votre lettre, Monsieur, par la voie des affaires étrangères, et je suis parfaitement tranquille maintenant sur le sort de ma progéniture littéraire puisque la voilà entre vos mains. Dans un de ces moments d'inquiétude qui s'emparent quelquefois de moi, je vous ai écrit par M. de Lagrenée, et j'aurais pu vous l'épargner, car votre lettre répond à tout, même à ce que je désirais savoir sans vous l'avoir demandé, ce dont je vous suis très reconnaissant. J'ignore absolument de quelle manière on peut traiter avec un libraire, et je pense que le libraire seul peut savoir le prix probable d'un manuscrit. Si Delaunay a encore le premier *Voyage* en magasin, il ne sera pas le mieux disposé en faveur du deuxième. Tout cela est à votre disposition. Voici toutefois mon avis: Je crois qu'il vaudrait mieux ne pas réimprimer le premier. On sera toujours à temps, si le second réussit, et alors on pourrait faire une édition du tout avec des corrections essentielles au premier, où l'on a ajouté beaucoup de choses contre mon goût particulier. En suite à l'*Expédition nocturne* on pourrait joindre les trois anecdotes, le *Lépreux*, le *Major* et *Prascovie*, ce qui ferait un volume assez pesant pour être lancé par-dessus les moulins. Quant à la destination de la somme, il est indifférent de la remettre à Vignet ou à tout autre des miens qui savent à qui elle doit appartenir. D'ailleurs, lorsque vous m'aurez fait part de l'arrangement fait, s'il est favorable, je pourrais vous demander quelques bagatelles de Paris. Nous avons le temps d'y penser ; mais ce à quoi il faut penser tout de suite, c'est à empêcher que M. de Feletz & Cie ne nous donne un coup de massue comme il a fait aux *Soirées de Saint-Pétersbourg* qui étaient d'une bien autre importance. Au lieu que si on peut avoir un article comme celui qui a prôné *Ourika*, nous serons sûrs, sinon du succès, au moins du débit qui est, entre nous, mon unique but. Ce qui me fait penser à *Ourika*, c'est que l'auteur a bien voulu en adresser un exemplaire à l'*auteur du Lépreux*.. J'ai remercié par le dernier courrier. Vignet connaît cette noble dame qui pourrait peut-être nous être utile sous ce rapport. Je vous avoue que ce n'est pas sans quelque honte, ou du moins sans quelque vergogne comme on dit en Savoye, que je publie l'*Expédition nocturne* à mon âge. Je voudrais que cela fut déjà fait et oublié, et je donnerais volontiers une bonne part du profit à celui qui voudrait se charger de la gloire. Le motif sera, au moins par devers mes amis, une excuse suffisante. J'espère que cela sera profitable à une dame que la révolution a ruinée, et qu'elle en tirera ce qu'on appelle une douceur.

Votre feuilleton m'a fait grand plaisir. Tout ce que vous me dites de Paris n'a point eu le pouvoir de me surprendre, car si vous avez le tableau, j'ai la copie, et nous sommes de bons copistes. On voit aussi, dans nos grandes soirées, les hommes d'un côté et les femmes de l'autre; on joue partout, et le wisth ou le boston font les frais de la conversation. L'égoïsme est le même, mais il a plus de franchise et ne se cache pas. La vénalité en fait autant, mais nous n'avons pas, comme à Paris, les ressources avec lesquelles on se distrait des sociétés brillantes. Le théâtre ne vaut pas vos marionnettes et l'autre ressource est indigne. Le climat ne permet pas même la promenade les neuf dixièmes de l'été, qui n'est qu'un dixième de l'année. Cependant, on peut y être heureux, mais il faut savoir l'être chez soi. Les femmes sont aimables et valent mieux que les hommes. Point d'artistes, excepté quelques passe-volants qui viennent peindre nos figures. Un peintre d'histoire ou de paysage est comme un cheval à Venise. Cependant, nos voyageurs rapportent des tableaux modernes qu'ils payent cher à Rome; mais si les mêmes artistes les font ici, on n'en veut pas. On voit des galeries pleines de Raphaël, du Corrège, du Titien, dont les *copies* sont au Vatican, ou dans la galerie de Florence, ou au muséum de Paris!!! Un de nos riches amateurs avait invité, un jour, tous les artistes invitables. Après un excellent dîner il leur demanda s'il existait dans sa galerie un seul tableau qui fut une copie : ils jurèrent tous, le champagne au poing, qu'il n'y avait que des originaux. Alors l'amphitryon tira de sa poche un papier timbré, contenant une déclaration en termes de contrat, comme quoi tous les tableaux de son Excellence, dont suivait le registre, étaient des originaux et somma les convives de signer, ce qu'ils firent sans hésiter. Ah ! le bon billet qu'a La Châtre... J'ai encore bien des choses à vous dire et à vous demander. Lorsque je vous ai vu à Turin, vous étiez encore très jeune, et il m'est resté le souvenir d'un être fluet et délicat; je voudrais savoir si vous êtes grandi et si vous tenez de la corpulence de M. votre père; ensuite et bien plus vivement, je désirerais savoir ce que vous avez fait de votre talent poétique italien. Je n'ai pas oublié que vous avez traduit l'*Ode à la lune*, et je crains que ce pauvre modèle n'ait à jamais paralysé votre muse. Tirez-moi de cette inquiétude la première fois que vous voudrez bien m'écrire.

Je me résume une fois pour toutes; tirez ce que vous pourrez de ces bagatelles; changez ce que vous voudrez. Seulement, si par hasard on réimprime le premier *Voyage*, je vous enverrai au plus tôt un errata. Je vous remercie encore mille fois pour les soins que vous voulez bien prendre et me recommande à votre amitié. On m'a dit ici que peut-être Vignet passerait à Paris en qualité de chargé d'affaires en l'absence de l'ambassadeur. Je le désire beaucoup pour la santé et le plaisir de mon cher Louis.

MAISTRE.

De M. de Vignet à M. de Mareste.

Rue St-Dominique, dimanche matin.

FAITES-MOI le plaisir, mon cher Mareste, de remettre au porteur de ce billet les deux manuscrits moscovites. Je les lirai à la duchesse, qu'il est essentiel d'avoir pour nous et non pas contre nous. Dans deux jours je vous les rapporterai. Demain, j'irai à votre bureau lire la suite du *Voyage autour de ma chambre*, et, sans hésiter, nous laisserons cela de côté, si vous n'en êtes pas bien content, et avant que je ne parte, vous conclurez un marché pour l'impression.

Adieu, je suis heureux de vous savoir heureux. Les honnêtes gens ont aussi leur tour, seulement ils sont obligés d'attendre. Sans doute leur destinée est précieuse, et le Maitre de tout se donne du temps pour la faire.

Addio.

L. DE VIGNET.

Du même au même.

Dimanche matin.

MILLE remerciements, mon cher Mareste, pour votre lettre à M. d'Agoult. Je serai charmé d'être un jour de ses amis.

La duchesse de Duras a été enchantée des deux nouvelles. Elle a mandé Ladvocat, son libraire, pour les lui vanter et l'engager à faire une aussi bonne affaire; elle vous l'enverra. Je lui ai laissé votre adresse.

Quant à l'*Expédition nocturne* elle est, non seulement *mauvaise*, mais *très* mauvaise (tra noi). Il ne faut pas même songer à l'imprimer. J'écrirai à mon oncle, et vous lui écrirez aussi que nous avons décidé, d'un commun accord, que cela n'aurait aucun succès.

Adieu, cher Mareste.

L. DE VIGNET.

Du même au même.

Lundi, 8 heures.

MON cher Mareste, la duchesse de Duras m'a dépêché hier un bibliothécaire du Roi, qui se nomme M. Valery, et qui a six pieds de haut, pour me parler des deux nouvelles moscovites et du libraire auquel on pourrait s'adresser. Je lui ai dit que je partais et que vous étiez le maître absolu de cette affaire et le dépositaire des volontés de mon oncle. Il prétend (mais il a l'air un peu hableur) que l'on pourrait demander, avec le *Lépreux*, pour une édition de 1500 exemplaires, 10,000 francs pour en avoir 8000. Ensuite, il croit savoir que Ladvocat est mal dans ses affaires, ce qui n'aurait pas d'inconvénient pour une chose payée comptant.

Dans tous les cas j'ai voulu vous prévenir. Je trouve qu'il est bon que la concurrence s'établisse entre plusieurs libraires; mais il est plus essentiel encore que tout arrangement soit entre vos mains, et aussi je n'ai dit à M. Valery autre chose que de vous voir s'il le jugeait convenable.

Adieu encore.

L. DE VIGNET.

De M. de Valery à M. de Mareste.

Lundi.

MONSIEUR, je suis passé hier chez M. Dondey-Dupré, avec lequel j'ai causé assez longtemps. Il m'avait écrit la veille le billet que je vous envoie; ainsi l'engagement est maintenu. Il sera à la Préfecture de une heure à quatre heures pour conclure. Ponthieu, libraire également solide, est de moitié dans cette affaire, et je ne crois pas que ce partage doive être une difficulté. Je crois qu'il sera bon, Monsieur, de stipuler dans le traité le don de vingt-cinq exemplaires au moins, afin que je puisse obtenir des annonces dans les journaux: je sais de M. de Pongerville, traducteur d'un Lucrèce imprimé chez Dondey, qu'il lui a fait là dessus quelques petites lésineries qu'il vaut autant prévenir. M. de Lagarde m'a remis plusieurs pages de notes excellentes sur quelques termes et usages russes.

Croyez, je vous prie, Monsieur, à la nouvelle et sincère assurance de tout mon dévouement.

VALERY.

De M. de Vignet à M. de Mareste.

Bruxelles, le 1er février 1825.

JE ne sais plus rien de vous, mon cher Mareste, mais j'espère que vous êtes heureux toujours, bien portant, le cœur en paix et marchant vers l'avenir, plein de courage et d'espérance.

Votre ami, M. d'Agoult, a bien rempli votre recommandation. Il a été très bon pour moi. Nous nous rencontrons tous les jours dans le monde, et quelquefois *je passe le Guier*, et de Savoie je vais en Dauphiné. C'est un homme de beaucoup d'esprit et d'observation, avec un caractère fort, et gentilhomme jusqu'au bout des ongles. Sa femme l'adore, et il ne reste pas en arrière de cette affection. Vous pensez, du reste, qu'il rêve le Dauphiné avant toute chose.

Je reçois aujourd'hui une lettre de mon oncle de St-Pétersbourg, qui me demande, au nom de Dieu et de ses saints, quelques nouvelles de ses opuscules. Ecrivez-moi deux lignes, mon cher Mareste, pour me dire où en est cette affaire; car les interrogations de mon oncle sont pressantes et il m'ordonne, si l'impression n'est pas commencée, de retirer les manuscrits et de les envoyer à Turin à son neveu, M. de Maistre, qui les gardera dans son portefeuille.

Mais j'espère que l'impression est avancée, si elle n'est pas finie. Quel parti pécuniaire avez-vous pu en tirer ? Dites-moi un mot de tout cela : A M...., chargé d'affaires, etc., à Bruxelles. J'attends votre réponse avec impatience. On m'avait annoncé une ode de Lamartine contre ses *détracteurs*. Je n'ai plus rien appris. A-t-elle paru ? Je vous saurais bien bon gré de me l'envoyer par la poste sous bande.

Adieu, mon cher Mareste, à nous revoir au mois de mai, si rien n'est changé d'ici là.

L. DE VIGNET.

De M. de Mareste à M. de Vignet.

23 février 1825.

VOUS avez vu par le mot que j'ai ajouté à la lettre de Nasi que notre grande affaire était terminée. Ce n'est pas sans peine, je vous assure, et je n'en serais jamais venu à bout sans l'aide de M. Valery. Voici l'histoire des négociations.

J'avais eu dans le principe l'intention de vendre une seule édition et non la propriété des trois opuscules pour réserver à l'auteur la faculté de publier ses œuvres complètes, si jamais la fantaisie lui en prenait. J'ai discuté avec la moitié des libraires de Paris. Personne n'en a voulu à un prix raisonnable, sous le prétexte que ces ouvrages étaient trop peu importants, trop peu volumineux, pour qu'on pût se tirer d'affaire avec une édition. Ce n'est qu'à la longue, m'a-t-on dit de toute part, et par la suite des temps que l'on peut espérer de rentrer dans ses déboursés et faire quelque bénéfice.

J'avais encore la ressource d'imprimer et de vendre pour le compte de l'auteur. Je me suis aperçu qu'il aurait fallu disposer d'une somme de 7000 à 8000 fr. pour opérer de la sorte. Restait la ressource d'aliéner la propriété ; elle m'a été conseillée par les personnes expertes en pareille matière. Je voulais avoir une somme d'argent disponible pour remplir les instructions de votre oncle, j'ai pris ce dernier parti. Je me suis adressé à une multitude de libraires. Les premiers m'ont offert 1200 fr., puis 1500, puis 1800. J'ai établi une concurrence entre ces messieurs. L'émulation avait porté la somme à 2400, lorsque M. Valery, grâce à son crédit de bibliothécaire du roi, a décidé de toute la hauteur de sa taille que les manuscrits valaient 6000 fr. Il lui a fallu plusieurs semaines pleines pour trouver un chaland. Il en est enfin venu à bout, mais, au moment de conclure, le libraire s'est dédit, et nous sommes restés le bec dans l'eau. Nous avons persisté à vouloir 6000 fr., et mal nous en a pris, car, en dernier lieu, les offres allaient en progression décroissante. Il nous a fallu borner nos exigences à 5000 fr., et je viens de conclure ou à peu près avec les libraires Dondey-Dupré et Ponthieu. L'impression est commencée et l'ouvrage paraîtra dans le courant d'avril, à l'époque des départs pour la campagne, époque toujours favorable aux ventes.

Il y aura deux ou trois volumes, suivant le bon plaisir des acheteurs. Tout l'ouvrage sera imprimé sur papier vélin, en très beaux caractères, édition de luxe, notes et préface de M. Valery, le tout fort court et de bon goût. Le général comte de Lagarde, qui a passé longtemps en Russie et qui connaît notre aimable auteur, a ajouté quelques petites notes explicatives sur les localités (pour *Kascambo* et *Prascovie*). Je ferai annoncer le tout dans les journaux quoique nous soyons désintéressés dans la vente, mais tout simplement pour l'honneur des armes de notre ami absent et pour qu'il y ait chorus de louange sur l'œuvre et sur l'auteur. Il est bien entendu que le nom de M. de Maistre ne paraîtra pas sur le titre. On mettra seulement : *Par l'auteur du Lépreux et du Voyage.*

Nous avions jugé, vous et moi, que l'*Expédition nocturne* ne se soutiendrait pas avantageusement à côté du *Voyage autour de ma chambre.* Nos libraires littérateurs ont pensé tout différemment. M. Valery est presque de leur avis; ils considèrent cette seconde partie comme au-dessus de la première, et c'est précisément ce dernier opuscule qui a fait conclure le marché. Suivant Barème, nous avions tort, vous et moi, et si je persiste dans ma première opinion, c'est tout simplement parce que je sûis entêté.

J'ai réservé dans le marché quelques exemplaires pour vous, afin que vous puissiez les envoyer à Pétersbourg.

Voici le traité que j'ai passé avec les libraires. Envoyez-le bien vite à Pétersbourg. Que M. votre oncle ajoute au bas son autorisation dans les termes indiqués et qu'il vous renvoie cette pièce après avoir fait légaliser sa signature à l'ambassade de France. La promptitude est indispensable, parce que j'ai traité avec les libraires sans avoir aucun pouvoir légal. Ils m'ont cru sur parole et d'après de simples lettres, ce qui est la même chose. Les billets pour la somme de 5000 fr. sont deposés chez M. Valery. Les échéances sont de 6, 9 et 12 mois. Si l'on voulait de l'argent plus tôt, votre oncle n'a qu'à envoyer un bout de procuration à vous ou à moi pour négocier les dits billets, et nous trouverons la somme que l'on désirera sur la place.

Vous en savez maintenant autant que moi.

De cœur,

MARESTE.

PROJET

DE TRAITÉ EXPÉDIÉ A M. DE MAISTRE

LES soussignés Louis-Adolphe de Mareste, chef du bureau des passeports, à la Préfecture de police, au nom et comme dûment autorisé à l'effet du présent acte, ainsi qu'il le déclare, de M. le comte Xavier de Maistre, ci-après qualifié, demeurant le dit M. de Mareste rue St-Lazare n° 75, d'une part ;

Et Auguste-François et Prosper Dondey-Dupré, père et fils, imprimeurs-libraires, demeurant à Paris, rue St-Louis n° 46, d'autre part ;

Et ..... Ponthieu, libraire à Paris, y demeurant rue du Hazard n° ....., encore d'autre part,

Ont fait entr'eux le traité suivant :

ARTICLE 1er. M. de Mareste, au dit nom de M. le comte de Maistre Xavier, vend et cède en toute propriété à MM. Dondey-Dupré père et fils et Ponthieu, conjointement et séparément, trois opuscules dont M. de Maistre susnommé est l'auteur et lesquels ont pour titres : *Les Prisonniers du Caucase*, — *Prascovie ou la Jeune Sibérienne*, — et *continuation du Voyage autour de ma chambre*, — et desquels il leur a remis les manuscrits. Ces opuscules seront revus et augmentés d'une notice et de notes par M. Valery, conservateur de la bibliothèque du roi.

Article 2. La présente vente est faite moyennant la somme totale de *cinq mille francs*, que M. de Mareste reconnaît avoir reçue en ce jour, savoir : *Deux mille cinq cents francs* de MM. Dondey-Dupré et *deux mille cinq cents francs* de M. Ponthieu, en leurs billets respectifs aux époques .....

Dont il est content et en quitte MM. Dondey-Dupré et Ponthieu.

Article 3. Au moyen de la présente vente, les acquéreurs sont maîtres de faire imprimer en tels formats qu'ils voudront, conjointement et séparément, et en tel nombre d'éditions qu'ils jugeront à propos, les dits opuscules, et conséquemment M. de Mareste, au dit nom, renonce pour l'auteur à pouvoir les faire imprimer, et ce, sous les peines portées contre les contrefacteurs.

Article 4. Les acquéreurs seront libres de réimprimer, ainsi qu'ils en ont le dessein, le *Lépreux de la cité d'Aoste* et le *Voyage autour de ma chambre*, ouvrages du même auteur, pour lesquels M. de Mareste, toujours au dit nom, déclare que M. de Maistre n'a pris aucun engagement, et pour la publication desquels il promet les garantir de tout trouble et empêchement quelconques, la jouissance desquels ouvrages, qui ont déjà été imprimés en France et en pays étranger, étant une des conditions essentielles du présent traité.

ARTICLE 5. En cas de difficultés sur l'exécution du présent traité, les parties s'engagent à les faire décider par MM. *Valery, conservateur des bibliothèques du roi*, et....., qu'ils nomment dès à présent leurs arbitres, promettant s'en rapporter à leur décision, sans aucun appel, ni recours en cassation.

Fait triple entre les soussignés à Paris, le onze février mil huit cent vingt-cinq.

MODÈLE

DE LA DÉCLARATION QUE M. XAVIER DE MAISTRE EST PRIÉ D'ENVOYER A M. DE MARESTE POUR REMETTRE AUX ACQUÉREURS DE SES MANUSCRITS [1].

Je soussigné, Xavier de Maistre, après avoir pris connaissance d'un acte sous seings-privés, fait triple entre M. de Mareste, se disant autorisé de moi, à l'effet du dit acte, et MM. Dondey-Dupré et Ponthieu, imprimeurs et libraires à Paris, le onze février présente année, le dit acte contenant vente en toute propriété, et avec garantie, de trois manuscrits inti-

[1] Il faudra qu'il ait la complaisance de faire légaliser sa signature.

tulés : *Les prisonniers du Caucase*, *Prascovie ou la jeune Sibérienne* et *Expédition nocturne* (continuation du *Voyage autour de ma chambre*), desquels ouvrages je suis auteur; le dit acte donnant en outre le droit de réimprimer le *Lépreux de la vallée d'Aoste* et le *Voyage autour de ma chambre*, dont je suis également l'auteur;

Déclare approuver le dit acte en tout son contenu, sans en rien excepter, retenir ni réserver. En foi de quoi j'ai fait cette mention au bas d'un des doubles du dit acte, qui m'a été envoyé, promettant en passer acte notarié, si cela était reconnu nécessaire.

Je consens que les billets déposés à M. Valery soient remis à M. de Mareste, pour en disposer de la manière dont je m'en entretiendrai avec ce dernier et que leur acquit après libération des acquéreurs.

Plus, Monsieur de Maistre voudrait bien écrire en bas du double à lui envoyer :

« Je déclare approuver l'acte dont ci-dessus copie,
» en tout son contenu et j'autorise M. de Mareste à
» faire pour moi cette mention sur les deux autres
« copies de l'acte.

» St-Pétersbourg, ... »

De M. de Vignet à M. de Mareste.

Bruxelles, le 26 février 1825.

VOUS êtes, vraiment un excellent homme, mon cher Mareste, d'avoir conduit à si bon terme l'affaire de nos manuscrits. Nous n'avons rien perdu pour attendre, et je pensais bien que vous en étiez d'autant plus occupé que vous m'en parliez moins, mais à distance, mon oncle n'y comprenait rien. Il se persuadait que vous les trouviez trop médiocres pour oser les lancer dans le monde et se figurait d'avance ce monstre qui s'appelle critique saisissant Prascovie et Kascambo de ses doigts de fer pour les déchirer. Je me suis hâté de lui écrire en recevant vos aimables lignes du 21.

A présent que l'impression commence, occupons-nous des précautions. *Le nom de mon oncle ne doit-être écrit ni au frontispice ni dans la préface.* Il suffit de dire, si les *Deux Moscovites* doivent être imprimées seules : par l'*Auteur du Lépreux*, ou si, comme je l'espère, le *Lépreux* doit aller avec elles : *Le Lépreux suivi de l'histoire de Prascovie*, etc.

Je suis très reconnaissant envers le *Géant bibliothécaire* pour l'assistance qu'il vous a prêtée dans cette affaire, et je vous prie, cher Mareste, la première fois que vous le verrez, de lui faire de ma part mille remerciements *con i soliti complimenti;* mais je crains que pour reconnaitre ses bons offices, vous ne lui ayez cédé vos droits d'éditeur, ce qui m'affligerait beaucoup, et qu'il n'en profite pour se montrer dans toute sa gloire dans la préface. Je sais que mon oncle, par des raisons de convenances et de position sociale craint les éloges de ces préfaces, comme nous craindrions de porter les mains sur un fer rouge. Ainsi donc, si une préface était commencée, dites que vous avez reçu de mon oncle l'ordre de supprimer toute préface, et alors ne cédez que pour un avertissement. Je vous enverrai incessamment un modèle de celui qui suffirait aux vœux de mon oncle. Si c'est vous, mon cher ami, qui faites la préface, c'est tout autre chose. Je sais que vous saurez ne point nommer mon oncle, tout en le désignant à tous les éloges. J'attends avec impatience la lettre que vous m'avez promise.

Adieu. J'apprécie chaque jour davantage l'esprit, le grand sens et surtout le noble caractère du comte d'Agoult. Nous parlons toujours de vous quand nous nous rencontrons. Adieu, je vous souhaite de jouir sans nuage du bonheur que vous avez. Les femmes valent mieux que nous, vous le savez. Elles restent toujours pures et bonnes, si on les aime exclusivement pour l'amour qu'elles donnent, si on les respecte toujours dans celui qu'elles reçoivent. Voilà la Loi et les Prophètes.

Adieu, cher Mareste.

L. de Vignet.

P. S. — Je reçois à l'instant votre lettre du 23 et vous remercie *iterum atque iterum*. Je suis bien fâché de voir l'*Expédition nocturne* acheminée avec les *Deux Moscovites*, car, entre nous, c'est *détestable* dans toute la force du terme. Adieu, je vous écrirai plus au long incessamment. Tout ce que vous m'avez envoyé partira pour Pétersbourg demain matin.

Du même au même.

Bruxelles, 27 février 1825.

MON cher Mareste, je viens d'envoyer à mon oncle, avec la lettre que vous m'avez écrite le 23, le modèle de déclaration qu'il doit renvoyer à vous ou à moi, et qu'il renverra dans tous les cas et en tout état de cause.

Je lui écris aussi que je vous consulte par ce courrier, sur la question de savoir :

1° Si en alléguant de nouvelles instructions reçues du comte de Maistre par mon canal, et que vous ne connaissiez pas lors de la conclusion du marché, il vous serait possible, sans rien gâter à l'affaire, et sans rendre les billets déposés entre les mains de M. Valery, de faire retarder l'impression jusqu'à ce que l'approbation définitive nous fut arrivée de Pétersbourg ;

2° Si en leur rendant, par exemple, deux billets de 800 francs et en leur laissant avec la faculté de réimprimer le *Voyage autour de ma chambre*, *le Lépreux et les Deux Moscovites*, ils ne consentiraient pas à vous rendre le manuscrit de l'*Expédition nocturne* qui ne serait pas imprimée ni avec, ni séparément.

Bien entendu, mon cher Mareste, qu'il n'y aurait, à leur soumettre ces nouvelles propositions, non seulement aucun inconvénient pour vous, mais pas le plus petit ennui, et à plus forte raison, le moindre désagrément. Dans ce cas, le marché subsistant. non seulement avec ratification, mais avec approbation pleine et entière et empressée de la part de mon oncle, lequel j'avertis aussi que je regarde ces modifications comme presque impossibles à introduire dans le marché déjà conclu.

Si je vous en parle même (et tout à fait, *tra noi*, dans le cas où vous les jugerez impossibles) c'est que je partage pleinement, mon cher ami, votre opinion sur l'*Expédition nocturne* qui est non seulement mauvaise, mais très mauvaise et qui nuira aux *Deux Moscovites*. Je vous en ai parlé de la même manière quand je vous ai renvoyé ce manuscrit, et si vous m'en aviez dit un mot, dans le cours de la négociation, j'aurais joint péremptoirement mon opposition formelle à votre avis négatif. Voyez donc, cher Mareste, en votre âme et conscience, si sans le désagrément le plus minime, vous pouvez faire aux imprimeurs la proposition dont je vous ai parlé, pour reprendre le manuscrit de l'*Expédition nocturne*. Offrez-leur 1600 fr. s'il le faut et encore, s'ils l'exigent, 400 fr. de plus *que je payerai de ma bourse;* car je tremble à l'idée du cri universel qui va s'élever contre cette *Expédition* que Dieu bénisse! Citez-moi tant que vous voudrez, dites que vous n'agissiez que *sub spe rati*, que le neveu connaît les intentions de l'oncle, etc.; mais ne faites rien, malgré tout mon désir et notre intérêt de sauver la réputation de notre auteur, si cela doit, je vous le répète, vous causer un ennui quelconque. Voilà nos faits clairement posés.

Quant à la préface, j'ai pleine sécurité à la savoir confiée à une main aussi habile et aussi amie que celle de M. Valery; mais veuillez, cependant, en lui faisant mes compliments les plus distingués, l'avertir de ma part, que le nom de mon oncle ne doit être écrit nulle part, pas même en lettres initiales, mais seulement désigné par ces mots l'*Auteur du Lépreux* et avec les éloges qu'un homme d'aussi bon goût jugera convenables. Il en est de même pour le nom du comte de Maistre (le chancelier) si M. Valery jugeait à propos de le désigner au souvenir des hommes.

Ensuite, il est essentiel, et je sais que mon oncle y tient beaucoup, qu'aucune mention ne soit faite de la singulière édition du *Lépreux* faite par Mme O. C. non plus que des éloges que le *Mémorial catholique* lui a donnés. La famille de Maistre est, par sa position et ses antécédents, tellement liée à tout ce qui se fait dans une *intention catholique*, même en apparence ou par des mains maladroites, qu'elle serait obligée de désavouer formellement tout ce que ses amis pourraient faire pour la venger des niaiseries où son nom aurait été employé mal à propos. Veuillez, je vous prie, recommander ceci à M. Valery comme très essentiel. Je souhaite à Mme O. C. et à ses amis, paix sur la terre et gloire aux cieux lors même qu'ils se donnent le ridicule de refaire le *Lépreux*.

Adieu, mon cher Mareste, j'attends votre première

lettre avec impatience. Il me tarde aussi de vous revoir et à ce propos, dites-moi ce que l'on sait de certain sur l'époque du Sacre; car c'est vers ce temps que je dois aller à Babylone. J'espère que nous nous verrons alors bien souvent. Il me tarde d'être présenté à Mme la baronne de Mareste à qui vos amis doivent être reconnaissants pour le bonheur que sa société vous donne. Adieu, croyez-moi sincèrement tout votre

L. DE VIGNET.

P. S. — Si j'ai effacé le mot *exclusivement* à propos du privilège de réimprimer le *Voyage autour de ma chambre*, c'est que ce livre ayant paru il y a trente ans, hors de la France, sera probablement considéré comme retombé dans le domaine du commerce universel.

De MM. Dondey-Dupré à M. de Mareste.

Paris, le 1er mars 1825.

Monsieur,

EN réponse au billet que vous nous faites l'honneur de nous écrire cet après-midi, nous nous empressons de vous faire savoir que M. Valery a déjà reçu les deux premières feuilles de l'ouvrage de M. de M*** et que même il nous a renvoyé la première *bonne à tirer*. Vous pouvez donc être rassuré sur la correction et la fidélité des épreuves. Le service est établi de manière à être continué ainsi jusqu'à la fin de l'impression.

Nous vous remercions, Monsieur, des renseignements que vous nous donnez sur votre envoi à MM. de M*** et de V***. Nous en attendrons l'issue.

Agréez, Monsieur, l'assurance de notre considération très distinguée.

Vos très humbles serviteurs,

DONDEY-DUPRÉ, père et fils.

M. de Mareste à M. Valery.

Rue St-Lazare, 2 mars 1825.

Monsieur,

Je viens de recevoir la lettre ci-jointe de M. de Vignet. Vous verrez combien il tient à ce que l'*Expédition nocturne* ne soit pas imprimée.

Je vais lui répondre : 1° Qu'il est trop tard maintenant, que le marché est conclu et qu'on ne peut plus revenir sur une chose faite. 2° Que quoique je sois persuadé que l'*Expédition* n'a pas le même mérite que les deux *Nouvelles Russes*, cependant je suis loin de trouver cet ouvrage *mauvais*. 3° Qu'il est impossible que le nom de M. de Maistre ne soit pas prononcé dans la préface, attendu que Monsieur son frère dans l'édition faite chez Delaunay l'a nommé très positivement et plusieurs fois, et non par les initiales mais en toutes lettres ; que vouloir aujourd'hui faire un mystère d'un nom qui est connu de tout le monde, ce serait chose absurde, ridicule, complètement inutile, etc. 4° Que l'on ne parlera point de

Mme O. Cottu, ni du *Mémorial catholique* (association assez bouffonne par parenthèse). 5° Que l'impression est très avancée et qu'il faut laisser aller la chose.

Si vous pensez, Monsieur, que je doive ou puisse répondre différemment, veuillez, de grâce, me le mander.

Recevez, Monsieur, l'assurance des sentiments bien sincères de votre dévoué serviteur.

DE MARESTE.

De M. Valery à M. de Mareste.

Ministère de la Maison du Roi — *Bibliothèques*

Paris, le 3 mars 1825.

Monsieur,

J'AI lu avec attention la nouvelle lettre de M. de Vignet, et je vous avoue, peut-être témérairement, qu'elle ne m'a point causé une crainte aussi vive qu'à vous. Sur beaucoup de points et sur les plus importants, je vois que nous sommes en règle : le nom de l'*Auteur du Lépreux* est seul porté en tête des *Nouvelles* et de l'*Expédition ;* la réimpression du *Voyage* est le fait licite du libraire ; il serait absurde, comme vous l'observez, de lui défendre de dire le nom de l'auteur que son voisin Delaunay a révélé en toutes lettres. Ce nom même ne sera point sur le frontispice, il sera indiqué dans une espèce de note bibliographique de six lignes, *à la manière de Maradan*, et jeté au verso de la seconde page. Le jugement de M. de Vignet sur cette malheureuse *Expédition* me parait toujours bien sévère, son bon goût est sans doute égaré par son tendre intérêt pour l'auteur : la surabondance, le vagabondage des idées sont excusées dans ces sortes d'ouvrages ; il y a, si l'on veut, des négligences de style, mais que de traits, que d'expressions même les gens qui écrivent envieraient! Il me semble aussi, Monsieur, pour continuer à exposer les motifs de ma confiance, que ma chétive préface ne contient aucun de ces gros éloges que redoute la modestie de M. de Maistre, puisque mes observations sur le talent de l'auteur ne sont jamais directes, et se rattachent à quelques observations littéraires sur le vrai, sur une certaine fausse peinture des mœurs, les redites et les lieux communs de la fiction, etc. Je n'ai jamais songé à parler de Mme Cottu qui a si ingénieusement gâté le *Lépreux*. Quant au trait sur Chateaubriand, j'en ai plaisanté avec lui-même et avec Mme de Duras, et les ai prévenus que je le laisserais. Votre scrupule, si obligeamment exprimé, Monsieur, sur le *vaste mélange de civilisation et de barbarie* de l'empire russe est peut-être extrême ; la barbarie dans ce sens n'est point une injure, et je ne crois pas d'ailleurs que les habitants des Iles aux renards ou des Iles Aléoutes ayent encore des prétentions aux bonnes manières. L'impression va toujours très vite, et je reçois chaque jour trois feuilles nouvelles et trois secondes.

Agréez, Monsieur, les nouvelles et sincères assurances de nos sentiments les plus distingués.

VALERY.

De M. de Mareste à M. de Vignet.

Paris, le 5 mars 1825.

MON cher ami, il m'a été impossible de revenir sur le marché conclu; l'impression est déjà à plus de moitié achevée; il faut en prendre son parti. Je crois d'ailleurs que nous nous sommes un peu trop alarmés sur le succès de l'*Expédition*. Certes, ce n'est pas un *bon ouvrage*; telle du moins est mon opinion; mais au moyen de quelques coupures, du retranchement de quelques drôleries, peut-être un peu trop gaies, vu l'âge et la position de notre cher auteur, cette facétie passera inaperçue au milieu des charmantes *Nouvelles moscovites*, du *Lépreux* réellement admirable et de notre vieille connaissance le *Voyage*. D'ailleurs cette *Expédition* a seule décidé les libraires et nous devons lui savoir gré de l'excellent marché qu'elle nous a fait conclure.

Sur les autres points, et sur les points importants indiqués dans votre lettre du 27 février, nous sommes en règle. Le nom de l'auteur ne paraîtra pas sur le titre des nouvelles; on y mettra simplement : *par l'Auteur du Lépreux de la cité d'Aoste.* Quant à la réimpression du *Voyage* et du dit *Lépreux*, c'est le fait licite de tout libraire. Ces ouvrages imprimés à l'étranger sont tombés dans le domaine public et ils appartiennent au premier occupant; ne pas indiquer le nom de l'auteur dans la préface eût été une absurdité ridicule et parfaitement inutile. Dans l'édition faite par Delaunay, Monsieur votre oncle le chancelier a publié à son de trompe, dans un avertissement, les nom, prénom et qualités de son frère ; il a donné des détails sur sa vie privée, son bonheur conjugal, ses campagnes, ses voyages, ses occupations, etc., etc. Or vouloir faire aujourd'hui, dans une réimpression, un mystère de ce qui est connu de tout le monde, vous comprendrez que cela eût paru pour le moins extraordinaire. Tranquillisez-vous, au surplus, sur notre préface ; elle est simple, courte ; elle n'entre dans aucun détail et ne contient aucun de ces gros éloges que redoute la modestie de l'aimable auteur-amateur. Ce qui est dit sur le talent de M. de Maistre n'est jamais direct et se rattache à quelques observations littéraires sur le vrai opposé à cette fausse peinture de mœurs actuellement à la mode, aux redites et aux lieux communs de la fiction. On n'a point songé à faire même allusion à l'œuvre de Mme Cottu qui a si ingénieusement gâté le *Lépreux*. Quant au trait léger et spirituel sur M. de Chateaubriand, M. Valery en a plaisanté avec lui-même et avec Mme de Duras et l'a prévenu qu'on le laisserait. Il ne sera pas question du *Mémorial catholique* qui n'a rien à faire en ceci.

Nous paraissons à la fin de ce mois, ou au commencement d'avril; nous serons très brillants, en beaux caractères, papier vélin, marges superbes, notes simples et de bon goût. En somme, nous ferons honneur à notre père.

Adieu, très cher Vignet; arrivez-nous bien vite. Le Sacre a lieu définitivement le 15 mai; des événements extérieurs peu probables pourraient seuls le retarder.

Mille amitiés à Hector d'Agoult.

Votre bien sincèrement dévoué,

MARESTE.

P. S. — N'oubliez pas de m'envoyer de suite les pièces que vous recevrez de Pétersbourg.

De M. de Vignet à M. de Mareste.

VOICI, mon cher Mareste, une lettre de mon oncle ; je pense qu'elle contiendra les papiers approuvés en due forme et aussi des regrets sur l'impression ; ils viendront trop tard, *Hoc erat in fatis.*

C'est ce soir que j'aborde votre affaire ; je n'ai pu encore joindre l'homme. Soyez sûr que j'y mettrai tout le zèle de la véritable amitié.

Adieu donc ; j'irai vous voir demain à la préfecture avant quatre heures.

L. DE VIGNET.

Vient dans le dossier, la note suivante :

Remis à Mme la comtesse de Piis la lettre de Xavier de Maistre du 25 mars 1825, par laquelle il m'engage à faire quelques suppressions et changements au *Voyage autour de ma chambre.*

Le 27 février 1827.

DE MARESTE.

De M. de Mareste à M. Valery.

12 avril 1825.

Monsieur,

J'AI l'honneur de vous envoyer la copie d'une lettre que je viens de recevoir de M. de Maistre. Il demande à genoux quelques retranchements dans le *Voyage autour de ma chambre*. Je ne sais si nous sommes encore à temps et si l'impression n'est pas déjà trop avancée pour que l'on puisse avoir égard aux scrupules que la vieillesse a dictés à notre aimable auteur. Je ne serais pas trop d'avis de supprimer le passage de quatorze lignes où il est parlé de la mort de Raphaël. Quant au *que* à effacer et à *une pauvre bête* à substituer au *pauvre animal*, il me semble que c'est une bien légère satisfaction que nous pouvons donner à l'auteur sans nuire à son ouvrage.

Votre.....

MARESTE.

De M. Valery à M. de Mareste.

Monsieur,

VOICI les traites de l'industrieux M. Dondey-Dupré. Les corrections désirées par M. de Maistre seront faites excepté le *que* de la page 26 qui est tirée. Il serait difficile de faire une nouvelle préface pour un ouvrage publié depuis trente ans et que tout le monde connaît.

Croyez.....

VALERY.

Reçu.

Je soussigné reconnais avoir reçu de M. le baron de Mareste au nom et pour le compte de mon oncle, M. le comte Xavier de Maistre, la somme de cinq mille francs en effets souscrits par les libraires Ponthieu et Dondey-Dupré.

Paris, le 20 avril 1825.

L. DE VIGNET.

MM. Dondey-Dupré à M. de Mareste.

2 juin 1825.

NOUS avons l'honneur de faire remettre à M. de Mareste quinze exemplaires des œuvres de M. de Maistre. Nous en envoyons cinq à M. Valery. Nous prions M. de Mareste de nous dire à quels journaux il compte en remettre, pour prévenir les doubles emplois.

Nous avons l'honneur d'être vos très humbles et très obéissants serviteurs.

DONDEY-DUPRÉ.

P. S. — Toutes réflexions faites, nous croyons devoir ne mettre l'ouvrage en vente que mardi prochain attendu la diversion que les fêtes vont apporter aux affaires.

M. de Mareste à Dondey-Dupré, etc.

Monsieur,

J'AI reçu quinze exemplaires des œuvres de M. de Maistre, que vous m'avez envoyés à compte des vingt que vous devez me remettre d'après nos conventions.

Je ne me charge pour le moment que du *Journal de Paris;* plus tard et lorsque vous aurez complété mon envoi, je me chargerai d'un autre journal. Les exemplaires que j'ai reçus sont destinés à être envoyés à Pétersbourg ou remis ici à quelques amis et prôneurs du talent de notre auteur.

J'ai l'honneur.....

DE MARESTE.

MM. Dondey-Dupré à M. de Mareste.

7 juin 1825.

Monsieur,

NOUS étions persuadés lorsque nous vous avons promis vingt exemplaires des œuvres de M. de Maistre, que vous vous chargeriez de plusieurs journaux et nous avions fait notre compte d'après cela.

Nous avons l'honneur de vous adresser les cinq derniers exemplaires et vous prions de nous indiquer le second journal dont vous vous chargez.

Veuillez vous hâter, de grâce ; le temps presse. Nous mettons en vente et nous affichons jeudi.

Agréez, Monsieur, la nouvelle assurance de notre considération distinguée.

DONDEY-DUPRÉ...

M. de Mareste à Dondey-Dupré.

9 juin.

Monsieur,

J'AI reçu les cinq exemplaires, complément des vingt. Je me charge ainsi que je vous l'ai mandé, du *Journal de Paris*. Je me chargerai aussi de l'*Etoile*. Je viens de voir les principaux rédacteurs et dès demain ou après demain au plus tard, nous aurons un article. N'envoyez pas d'exemplaires à ces deux journaux, c'est mon affaire.

D'ici à quinze jours, je m'arrangerai pour avoir place dans un des journaux de spectacle. Je choisirai celui qui a le plus d'abonnés à Paris; c'est, je crois, le *Diable boiteux*. Mais il me faut du temps pour cela. D'ailleurs, l'attention du public est plus sûrement réveillée par des articles qui paraissent à de certains intervalles.

Recevez.....

DE MARESTE.

Suivent deux Listes

des destinataires des 20 exemplaires.

Les remaniements et éliminations sont marqués dans le manuscrit par des signes divers.

PREMIÈRE LISTE.

Envoyé au 8 juin : œuvres de M. de Maistre.

1 à M. de Chanay.
4 à M. de Vignet.
1 à Mme d'Aubusson.
1 à Mme de Castellane.
1 à Lingay.
1 à Beyle.
1 à Amena.

10 courant, neuf heures.

2 à Lingay pour *Paris* avec une annonce.
2 à *L'Etoile*. MM. de Genoude...
2 à Artaud pour *le Diable*, rue Saint-Jacques, 21.

DEUXIÈME LISTE.

Liste des envois des opuscules de X. de M.

5 à Vignet.
1 à Mme Boni de Castellane.
1 à Mme de Castellane.
1 à Mme Ledrul.
1 à Beyle.
1 à Lingay.
1 à Lamartine. (Effacé et ajouté : à sa femme).
1 à M. doct. Edwards.
1 à Smith.
4 pour moi.
1 Lebaume.
1 Duplessis.
1 Mme Delavau.
1 M. Sartoris.
1 à Amena.

M. de Vignet à M. de Mareste.

Cher Mareste,

s. d.

J'AI reçu vos quatre exemplaires des œuvres de notre ami le Moscovite. Le lendemain à neuf heures je lui en ai envoyé un par une occasion qui s'est présentée tout à coup. Je n'ai pas eu le temps de vous faire avertir à une heure aussi indue.

J'ai donné les trois autres. Mais dites-moi, cher ami, comme j'en veux envoyer trois à l'auteur, il m'en faudrait bien quatre pour ses frères et sœurs de Savoie. Où en êtes-vous de vos propres richesses ? J'en ai déjà racheté outre les trois pour mon oncle quatre autres pour les élégants salons de mon faubourg, mais je crois que pour la famille de l'auteur nous devons avoir un droit sur le libraire. Dites-moi ce que vous en pensez. Les *Nouvelles* sont délicieuses ; elles plairont certainement beaucoup. L'*Expédition nocturne* est plus supportable imprimée que manuscrite ; mais *Monsieur l'Editeur* n'a pas été encore assez sévère. Ce Gh ! de la galopade m'offense singulièrement.

Adieu, cher Mareste. Il y a encore dans nos Alpes une veine de vérité qui n'est pas éteinte et des étincelles de talent prêtes à jaillir ; mais, dites-moi, ne serait-ce pas votre tour à présent ? Allons donc, courage et en attendant, adieu.

L. DE V.

De M. de Mareste à M. de Maistre.

Paris, 13 juin 1825.

JE n'ai pas répondu plus tôt, Monsieur et cher compatriote, à votre lettre du 26 mars, parce que, de semaine en semaine, je croyais pouvoir vous envoyer la nouvelle édition de vos *œuvres complètes*. Or cette édition a été singulièrement retardée. D'abord nos libraires sont des paresseux, puis le *Childe Harold* de Lamartine est venu à la traverse ; puis le Sacre, puis une infinité de mauvaises raisons qui m'ont été données par MM. Dondey-Dupré, père et fils et compagnie. Mais si je ne vous ai pas répondu, j'ai fait tout ce que vous demandiez et c'était l'essentiel. On a retranché à la fin du vingt-sixième chapitre du *Voyage* les quatorze dernières lignes sur la mort de Raphaël. Le *que* a dû rester car le quatrième chapitre était déjà imprimé, à la réception de votre lettre. La préface de l'édition Delaunay a disparu ; M. Valery l'a remplacée par un avertissement. Je vous trouve beaucoup trop sévère pour le trente-sixième chapitre du *Voyage*. Soit que j'aie la manche large, ou que je ne comprenne pas, il ne m'a point paru aussi graveleux (?) que vous voulez bien le dire. Je ne suis plus de mon avis, ni de celui de Vignet sur l'*Expédition*. Je l'ai lue imprimée ; elle m'a fait le plus grand plaisir.

En somme, je crois que notre édition aura un succès *pyramidal;* c'est le mot consacré. Les nouvelles *Kascambo* et *Prascovie* sont admirables. Je vois déjà flamber à l'Ambigu-comique, dans un mélodrame, la barbe du vieux Tchitchens. C'est le complément de la réussite d'un roman.

Maintenant, gardez-vous bien d'en rester-là. Il est impossible que vous n'ayez pas quelque autre nouvelle dans votre tiroir. Envoyez-la moi et j'en tirerai bon parti. Nous ferons autant d'éditions d'œuvres complètes que vous le voudrez. Notez bien que vous pourriez battre monnaie avec ce que vous appelez des bagatelles. Nous avons ici une légion d'auteurs de gros volumes qui ne jouissent pas de cet avantage.

On m'assure que tout ce qui s'imprime à Paris se vend à Pétersbourg au bout de trois mois. Si cela est, je vous recommande, en fait de publications nouvelles, le *Théâtre de Clara Gazul,* prétendue traduction de l'espagnol ; c'est l'œuvre du jeune Mérimée, fils du directeur de l'Académie des Beaux-Arts, et le premier essai dans le genre romantique qui ait été fait à Paris.

L'histoire des ducs de Bourgogne, de M. de Barante, *celle des Normands,* par Thierry, la *Physiologie des passions* par le docteur Alibert, voilà ce que nous avons de plus remarquable pour le moment. Les livres de Mme de Genlis, surtout ceux du comte de Ségur, peuvent amuser, mais ils sont un peu longs...

Ici se termine la série des pièces intéressant directement l'édition de 1825. Nous croyons être agréable à nos souscripteurs en ajoutant deux lettres relatives à l'édition de 1828. Dondey-Dupré, 2 vol. in-8. grav., et une autre relative au manuscrit de Xavier de Maistre sur la peinture. — *L'ordre des dates place celle-ci la première.*

De M. de Vignet à M. de Mareste.

Bruxelles, le 17 juillet 1827.

JE vous reviens de loin, mon cher Mareste, pour vous demander de vos nouvelles et me rappeler à votre bon souvenir ; et c'est mon oncle le *Lépreux*, qui m'en fournit l'occasion. Il m'a écrit qu'un M. de Pollier qui a récemment épousé une riche comtesse de Schouvaloff, cousine-germaine de ma tante et avec lequel il vient de voyager en Italie, se chargera de son manuscrit *sur la peinture*. Ainsi tant mieux ; ce sera autant de débarrassé pour nous. Si vous n'avez encore pris à ce sujet aucun engagement, faites-moi l'amitié d'envoyer ledit manuscrit à M. le comte de Pollier, rue de Monsieur, n° 8, à Paris, en demandant un reçu de la personne à qui il sera remis. Me voici établi dans un joli appartement sur le Parc et sinon heureux au moins tranquille. Il n'y a presque personne à Bruxelles. Ma grande ressource est le comte d'Agoult dont le caractère et l'esprit me plaisent également. Vous pouvez penser que nous parlons bien souvent de vous et avec une grande amitié.

Adieu, mon cher Mareste ; la poste part d'ici à dix heures et demie et le bureau est à une demi-lieue de chez moi. Les postes d'arrondissement sont un confort encore ignoré ici. Aimez-moi et comptez sur moi en tout et partout.

L. DE VIGNET.

SUIT :

Reçu du paquet concernant l'ouvrage de M. de Maistre sur la physique des couleurs. Paris, 20 août 1827. Signé pour M. le comte de Pollier, son valet de chambre.

JOSEPH GINDRE.

De MM. Dondey-Dupré à M. de Mareste.

26 avril 1828.

Monsieur le Baron,

MONSIEUR le comte Xavier de Maistre avec qui nous avons eu l'honneur d'échanger quelques lettres grâce à vos obligeantes instructions, nous écrit, en réponse à la demande que nous lui faisions de nous donner quelques matériaux pour une préface à mettre en tête d'une belle édition in-8° que nous projetons : « Si le baron de Mareste voulait se charger de cette préface, personne ne pourrait mieux que lui remplir à la fois vos vues et les miennes et je vous prie de le lui proposer en me rappelant à son souvenir. »

Nous n'avons pas besoin de vous dire, Monsieur, combien il nous serait agréable de vous devoir ce nouveau service. Veuillez nous faire savoir ce que vous en pensez et si nous pourrions compter un peu dessus. Vous auriez six semaines et même deux mois devant vous. Dans les beaux jours où nous allons entrer l'air de la campagne que vous visitez sans doute et le calme des champs vous donneront toute facilité.

Nous avons l'honneur d'être avec notre considération distinguée.

DONDEY-DUPRÉ & FILS,

47 bis, rue Richelieu.

De M. de Mareste à MM. Dondey-Dupré.

Brouilllon s. d.

Monsieur,

JE regrette bien sincèrement de ne pouvoir remplir vos intentions et celles de mon compatriote M. de Maistre. Pour faire une préface qui offrit quelque intérêt, il faudrait avoir des détails un peu circonstanciés sur la vie de l'auteur qui n'a jamais mis le pied en France, sur ses opinions littéraires, sur ses projets, etc., etc. En somme, il faudrait pouvoir dire quelque chose. Or, quelle que soit la confiance que veut bien me témoigner M. de Maistre, il n'est pas moins vrai que je n'ai avec lui depuis 1799 d'autres relations que celles que vous connaissez. Je l'ai quitté à Turin à cette époque; il partait pour la Russie et moi pour la France. Je suis resté vingt-deux ans sans rapports avec lui. Je pourrais bien tout comme un autre faire des phrases bonnes ou mauvaises sur le genre des ouvrages de M. de Maistre, je pourrais parler de l'admirable simplicité de son style, du caractère de vérité qui le distingue, je dirais qu'il est assez extraordinaire qu'un étranger qui n'a jamais mis le pied en France ait en France un si beau succès, mais tout cela ne ferait pas une bonne préface.....

MARESTE.

APPENDICE

Lettre inédite de Xavier de Maistre à M. Edouard Diodati à Genève.

Castellamare, 30 juillet 1836.

Monsieur,

NE dame russe qui part pour Genève, veut bien se charger de vous faire tenir cette lettre. Je profite de cette occasion sûre pour vous envoyer les observations sur le temps que je vous avais annoncées sans avoir une intention bien déterminée de vous condamner à les lire ; mais, puisque vous avez eu l'amabilité de m'en faire ressouvenir dans votre dernière lettre et de me les demander, les voici, recommandées non point à votre indulgence, mais à votre patience. C'est la première fois que je me suis occupé de recherches métaphysiques et vous vous en apercevrez aisément, mais elles auront un résultat utile pour moi, celui de me donner une occasion de me rappeler à votre souvenir et de vous demander de vos nouvelles.

Je crois vous avoir déjà dit que enfin le mariage de Mlle Yvanoff a eu lieu sous de bons auspices et que le jeune ménage est fort heureux ; nous le gardons auprès de nous jusqu'à notre départ pour la Russie, en sorte qu'il n'y a point eu de séparation, circonstance qui accompagne et nuit toujours plus ou moins au bonheur des familles dans ces occasions. Mon projet est de passer encore deux ans en Italie : à cette époque, mon fils aura seize ans accomplis, et il doit retourner dans sa patrie pour y commencer une carrière quelconque, ou, du moins, pour s'y disposer. Je ne me cache pas que ce projet pourrait bien être chimérique quant à ma personne, car à l'âge avancé où je suis, un projet à exécuter dans deux ans est bien chanceux, mais ce n'est pas mon affaire. Je fais mes plans comme si j'avais trente ans, persuadé que Dieu les arrangera et les corrigera selon sa sainte volonté que je bénis d'avance. S'il m'accorde de vivre jusquelà, j'ai en perspective de revoir en passant mes amis à Gênes, Turin, Chambéry et Genève ; vous serez le dernier que je saluerai, après quoi, je disparaîtrai pour toujours dans les brouillards sombres du nord en disant mon *in manus*. L'intérêt qui aurait pu me retenir dans ma patrie s'est affaibli. Dans les dix ans que j'ai passés après avoir quitté la Russie, deux sœurs et un frère qui me restaient m'ont précédé et m'ont laissé seul de ma génération comme une feuille unique qui tient encore à l'arbre desséché en hiver. J'attends le coup de vent qui doit m'emporter avec les autres. Ces réflexions mélancoliques ne m'empêchent pas de jouir du bonheur momentané qui m'est accordé dans le plus beau pays du monde. Une circonstance heureuse vient encore l'embellir; un de mes neveux nommé à la mission Sarde à Naples, vient d'y arriver avec sa famille composée de sa sœur, de sa femme et de deux enfants; quoiqu'il soit âgé de quarante-cinq ans, je ne l'avais jamais vu. Vous comprendrez aisément le plaisir que j'ai eu de faire cette nouvelle connaissance. Il était ci-devant ministre de Sardaigne en Suisse, et vous aurez sans doute entendu parler de M. de Vignet qui a signé plus d'un protocole dans les affaires de la Suisse. Par une espèce de fatalité, en revenant de Russie, je n'avais fait qu'entrevoir mes parents au passage, la santé de mon fils m'ayant obligé de me fixer dans le midi de l'Italie, en sorte que c'est un adoucissement au sort qui semblait me condamner à vivre loin de toute ma parenté. Mon neveu a épousé une Picarde, Mlle de Vandeuil, qui se dispose à me donner bientôt un troisième arrière-neveu. Le désir que j'avais de savoir tout ce qui vous concerne et peut vous intéresser fait que je confie sans crainte à votre amitié ces petits détails de famille.

Nous sommes toujours ici dans l'attente du choléra. Les précautions qu'on y prend sont si fatigantes et nuisent tellement au commerce que, s'il nous vient jamais, on le recevra avec moins de peine. Ce qui est singulier c'est que, tandis que le gouvernement prend tant de précautions, le roi de Naples est à Vienne sans s'inquiéter du choléra qui y est aussi.

Il me semble impossible que l'*Essai sur le christianisme* soit votre dernier ouvrage. Je crois même que vous m'avez parlé dans une de vos lettres de quelque nouvelle production commencée. J'espère que vous voudrez bien m'en faire part. Aucun ouvrage nouveau ne peut pénétrer ici à travers les triples barrières des douanes, de la censure, et de la crainte du choléra. Peut-être aussi M. Töpffer aura fait quelques opuscules à ajouter à ceux qui m'ont fait tant de plaisir; c'est encore un cadeau que je vous demande effrontément, ne pouvant autrement satisfaire mon désir. Veuillez le saluer de ma part; ma femme et Mme de Friesenhof me chargent de vous offrir leurs compliments les plus empressés; recevez aussi, je vous prie, Monsieur, l'assurance de l'attachement sincère avec lequel je ne cesserai jamais d'être votre dévoué serviteur.

MAISTRE.

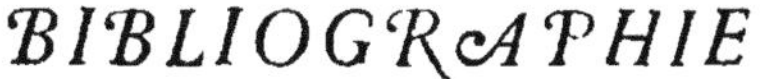

BIBLIOGRAPHIE

N parcourant cette Bibliographie, à laquelle nous avons ajouté quelques notes sur les dates de publication, les variantes que présentent les éditions et les gravures qui les différencient, le lecteur sera sûrement étonné de voir combien multipliées ont été et sont encore les réimpressions de ces petits chefs-d'œuvre. Il trouvera de plus un intérêt tout particulier à constater ce fait peu connu, que ce gracieux et sensible conteur, ce poète modeste, dont cinq pièces de vers seulement ont vu le jour, ce peintre de valeur, s'est aussi livré, avec succès, à des recherches scientifiques sur des sujets très divers. Les résultats en ont été publiés dans les *Mémoires de l'Académie des sciences de Turin*, dont il était membre correspondant et dans la *Bibliothèque Universelle de Genève* [1].

[1] Sainte-Beuve avait signalé un de ces travaux scientifiques, deux autres ont été indiqués dans la Nouvelle Bibliothèque Générale. M. Naville a su en retrouver six auxquels nos recherches personnelles ont permis de faire deux nouvelles additions.

La liste de ses travaux scientifiques n'a jamais été publiée que dans la notice de M. Naville, parue dans les *Mémoires de l'Académie de Savoie*. En la réunissant à celle de ses œuvres littéraires, j'ai pensé à montrer Xavier de Maistre, à un point de vue sous lequel il n'a jamais été étudié, cultivant en même temps les arts et les sciences.

Ne doit-on pas considérer comme le résultat de ses études scientifiques la part qu'il prit à l'ascension aérostatique de Chambéry dont il écrivit le prospectus et la relation qui sont en quelque sorte le point de départ de sa vie littéraire ?

PREMIERS ESSAIS

Maistre (le comte Xavier de), capitaine dans le régiment de la marine au service de S. M. le roi de Sardaigne. — Officier général dans les armées de S. M. l'empereur de Russie. — Directeur de la Bibliothèque et du Musée de l'Amirauté de St-Pétersbourg. Décoré de plusieurs ordres en Russie, un des quarante de l'ordre du mérite civil de Savoie, etc. Membre de l'Académie des sciences de Turin, de l'Académie de Savoie.

Né à Chambéry le 8 novembre 1763.
Mort à St-Pétersbourg le 12 juin 1852.

Prospectus de l'expérience aérostatique de Chambery. Publié au nom des premiers souscripteurs. — Chambery, imp. Antoine Dufour, 1784, in-8° de 15 pages.

(Luc Rey s'est figuré à tort que le Prospectus était l'œuvre de Joseph de Maistre. Prospectus et Relation émanent du même auteur, ce que démontrent divers passages d'un caractère tout personnel et surtout la note relative à l'Hermite du Nivolet qui termine la relation).

Lettre de Mr de S... à M^r le comte de C... off... dans la l... des C... (de Cevins, officier dans la légion des campements). Contenant une relation de l'expérience aérostatique de Chambery. — Chambery, imp. M.-F. Gorrin, 1784, in-8° de 19 pages.

Les premiers essais de Xavier de Maistre. Brochures publiées en 1784 et rééditées pour la première fois en 1874 par Jules Philippe. — Annecy, imp. Dépollier et Cie, 1874, in-8° de 66 pages.

Reproduit les deux brochures précédentes et la lettre critique du père Domergue, sous le pseudonyme de l'Hermite du Nivolet. Brochure in-8. Chambéry 1784, de 5 pages.

Œuvres inédites. Premiers essais, fragments et correspondance avec une étude et des notes par Eugène Réaume. Paris, A. Lemerre, 1877, 2 in-16, papier teinté.

Les mêmes. Paris. A. Lemerre, 1878, 2 in-18, 25 exemplaires sur chine.

Les premiers essais ont également été reproduits dans les œuvres publiées par Desclée de Brouwer en 1885 et 1886.

VOYAGE AUTOUR DE MA CHAMBRE

*Voyage autour de ma Chambre par M. le Chev. X*** O. A. S. D. S. M. S.* (Officier au service de Sa Majesté sarde). — Turin, 1795, in-12 de 188 pages et 1 ff. n. ch. er.

Cette première édition, bien que portant Turin comme lieu d'impression, fut imprimée à Lausanne, par les soins de Joseph de Maistre à qui son frère avait fait parvenir son manuscrit avant de s'éloigner de Turin. Les citations suivantes extraites des carnets de notes journalières de Joseph de Maistre, que M. Charles de Buttet a bien voulu nous communiquer en fournissent la preuve : « 1795, 20 février. J'ai donné à l'impression l'ouvrage de mon frère. — 1795, 2 avril. Un commissionnaire emporte le premier exemplaire. » (Grillet et après lui Sainte-Beuve ont donné la date de 1794 pour celle de la première édition du Voyage autour de ma Chambre, qui est bien de 1795, date que portent les exemplaires rarissimes imprimés à Lausanne.

Le même. A Paris, chez Dufart, an IV (1796), in-18, joli frontispice non signé.

Première édition française.

Le même. Hambourg, imp. de P.-F. Fauche, 1796, in-18 de 144 pages.

Le même. A Paris, Dufart, an V (1797) petit in-12 de 144 pages ; frontispice gravé par Blanchard. (Bergère assise sur un tronc de sapin, page 67).

De la Rochebilière s'est figuré à tort que cette édition était l'édition originale et la première faite en France.

Le même. A Paris, chez Dufart, imprimeur-libraire, an VII (1799), petit in-12 de 142 pages : frontispice de J. B. G. F., gravé par Blanchard. (L'auteur tombant avec son fauteuil). Fainéant ! allez travailler, p. 84.

Le même. A Paris, chez Dufart, imprimeur-libraire, rue des Noyers, n° 22, an VII (1799), petit in-12 de 144 pages ; même frontispice, de J. B. G. F.

Le troisième chapitre se termine par quarante-deux jours « justes » au lieu de « juste » que l'on trouve dans les éditions précédentes.

Le même. Saint-Pétersbourg, 1811.

Cette édition a une préface de Joseph de Maistre, mordante raillerie d'un écrivain peu connu, Ximenès, doyen des auteurs dramatiques français qui s'était défendu dans les journaux d'être l'auteur du « Voyage autour de ma chambre », signé X... ce qui pouvait faire supposer qu'il en était l'auteur [1].

Le même. A Paris, chez A.-A. Renouard, 1814, in-8°.

Edition tirée à 30 exemplaires seulement : 10 sur velin, 20 sur papier jonquille, 5 sur papier blanc pour le dépôt.

[1] Cette préface fut écrite le 15-27 juin 1811 : « Dans la matinée j'ai écrit la préface du Voyage. » Correspondance de Joseph de Maistre.

Le même. Paris, imp. Crapelet, 1815, in-18 de 248 pages. Tiré à 35 exemplaires.

Le même. Paris, Ledentu, 1839, in-32 de 3 feuilles.

Le même. Paris. Daubrée, 1843, in-32 de 3 feuilles.

Le même. Nouvelle édition avec miniatures de Veyssier. — Paris, Tardieu, 1860, in-12 de 169 pages, portraits et figures.

Dans l'avertissement les premières éditions sont indiquées par erreur à Chambéry, 1794, et Paris, 1814. C'est, je crois, la première édition avec le sommaire des chapitres. Elle cite la préface de 1811 et se termine par les vers si connus de son épitaphe.

Le même. Paris, Tardieu, 1861, in-18 de VIII-169 pages.

Le même. Paris, Tardieu, 1862, in-18 de VIII-169 pages.

Le même. Paris, Maillet, 1863, in-18 de VII-240 pages

Le même. Illustré de 36 gravures à l'eau-forte par P. Latil, avec épigraphes en vers par le Docteur Ducret. — Largentière, imp. Herbin, 1870, in-16 de 104 pages.

Curieuse édition, mais la valeur des gravures et des vers est loin de répondre au but que les auteurs s'étaient proposés d'illustrer l'œuvre de leur compatriote.

Le même. Paris, Jouaust, 1872, in-12, papier vergé.

Le même. Avec 5 eaux-fortes par Dupont. — Paris, A. Lemerre, 1874, petit in-8°, texte encadré.

Jolie édition, papier vergé, filets rouges ombrés d'encadrements.

Le même. Limoges, Rigaud, 1874, in-8°.

Le même. Préface d'Anatole France. — Paris, A. Lemerre, 1877, petit in-8° de 252 pages, portrait par Courty. Eaux-fortes de F. Dupont, texte encadré d'un filet.

Cinquante exemplaires sur Whatman ont une double suite du portrait et des eaux-fortes tirées en noir et en sanguine.

Le même. Préface par Jules Claretie, figures gravées à l'eau-forte par Hédouin. Paris, Jouaust, 1877, in-8°.

25 Chine, 25 Whatmann. Plus tirage en grand papier, gravures en double épreuve.

Le même. Préface d'Anatole France, portrait par Courty, trois eaux-fortes par Fraipont. Paris, Lemerre, 1878, in-8°, texte encadré d'un filet rouge.

Le même. Préface par Alexandre Piédagnel. Portrait inédit et 6 gravures à l'eau-forte de Charles Delort, fort jolie édition reproduisant avec goût le texte de l'édition originale de 1794. Contient le portrait de l'auteur d'après une miniature faite par lui en 1810 et un autographe. — Paris, imp. A. Quantin, 1882, in-12 de 171 pages.

Le même. Paris, imp. A. Quantin, 1883, in-12 de 171 pages.

Le même. Paris, Delarue. 1883, in-12.

Le même. Avec eaux-fortes d'Hédouin. — Paris, Jouaust, 1884, in-16 sur Hollande.

Le même. Rouen, Mégard, 1887, in-8°.

Le même. Paris, Marpon et Flammarion, 1888, in-16.

Le même. Paris, Boulanger, 1893, in-32.

ŒUVRES SCIENTIFIQUES

Observations sur quelques expériences dans lesquelles le soufre, ou les métaux paraissent brûler, quoique dans des vaisseaux privés d'air, et l'acide sulfurique se former sans inflammation du soufre. (Fait en collaboration avec Saint-Réal, son beau-frère). Mémoires de l'Académie des Sciences de Turin, 1801, t. xi, in-4°, pages 124-135.

Expériences sur les huiles. M. A. S. T. 1801, t. xi, in-4°, pages 199-214.

Mémoire sur l'oxydation de l'or par le frottement. M. A. S. T. 1818, t. xxiii, in-4°, pages 1-6.

Procédé pour composer avec l'oxyde d'or une couleur pourpre qui peut être employée dans la peinture à l'huile. M. A. S. T. 1818, t. xxiii, in-4°, pages 387-396.

Il avait joint, à son mémoire, un tableau dans lequel la couleur pourpre, de son invention, tenait une place importante.

Sur les causes des couleurs dans les corps naturels. Bibliothèque Universelle, partie scientifique, 1832, in-8° de 23 pages.

Expérience imitative pour servir à l'explication des trombes. — B. N. p. s., 1832, in-8° de 17 pages.

Sur la couleur de l'air et des eaux profondes et sur quelques autres couleurs fugitives analogues. — B. N. p. s., 1832, in-8° de 20 p.

Description d'un photomètre destiné à comparer la splendeur des étoiles. — B. N. p. s., 1832, de 3 pages in-8°.

Méthode pour observer les taches que l'on peut avoir dans le cristallin. — B. N. p. s., 1841, de 3 pages in-8°.

Notice sur la cause qui fait surnager une aiguille d'acier sur la surface de l'eau. — B. N. p. s., 1841, de 3 pages in-8°.

LE LÉPREUX DE LA CITÉ D'AOSTE

Le Lépreux de la cité d'Aoste par l'auteur du Voyage autour de ma Chambre. — St-Pétersbourg, 1811.

Le même. A Paris, imp. L.-C. Michaud, 1817, in-12 de 70 pages.

2me édition. Première publiée en France.

Le même. Genève, J.-J. Paschoud, 1817, in-12 de 69 pages.

Le Lépreux de la cité d'Aoste, par M. Joseph de Maistre. Nouvelle édition, revue corrigée et augmentée par Mme O. C. — Paris, Gosselin, 1824, in-8°, de 5 feuilles et demie. Vignette.

Les premières œuvres de Xavier de Maistre furent d'abord attribuées à son frère Joseph. A la mort de celui-ci, Madame Olympe Cottu se crut autorisée à retoucher et corriger le Lépreux qu'elle publia, mutilé, sous ce titre.

Le lépreux de la cité d'Aoste par l'auteur du Voyage autour de ma Chambre, de la Jeune Sibérienne et des Prisonniers du Caucase. — Aoste, imp. Hertié, 1827.

Le même. — Aoste, imp. Hertié 1829, in-32 de 44 p.

Il Lebbroso della città d'Aosta. — Torino 1832, in-24. Fig.

Le Lépreux de la cité d'Aoste, etc. 2me édition valdotaine[1]. — Aoste, imp. Damien-Liboz, 1837, in-8° de 48 pages.

[1] L'auteur ne connaissait sans doute qu'une des éditions d'Hertié

Le même. 3me édition valdotaine enrichie de lettres, de notes et de documents réunis par M. le chanoine Carrel. — Aoste, imp. Damien-Liboz, 1853, in-8° de 52 pages.

Aux notes des éditions précédentes, relatives au Lépreux que Xavier de Maistre avait connu et à son séjour à Aoste, l'abbé Carrel a joint deux lettres à une dame qu'il avait dû épouser et qu'il a nommé dans son expédition nocturne (Élisa).

Le même. 4me édition valdotaine. — Aoste, imp. Lybos, 1866.

Le même. Limoges, Barbou, 1869. in-12 de 70 pages et gravures.

Le même. Paris, Palmé, 1872, in-18 de 36 pages.

Le même. Limoges, Barbou, 1873, in-12.

Le même. Limoges, Barbou, 1874, in-8°.

Le même. Limoges, Barbou, 1875, in-12.

Le même. Limoges, Barbou, 1876, in-12.

Le même. 5me édition valdotaine. — Vue de la Tour. — Aoste, imp. Louis Mensio, 1877, in-8° de 56 pages.

Dans cette édition et dans la suivante, l'éditeur a joint une vue de la tour du Lépreux et l'auteur la lettre d'Elisa en réponse à celle de Xavier de Maistre, et une lettre de Joseph de Maistre à la Municipalité d'Aoste à l'occasion de la mort de son frère, évêque d'Aoste.

Le même. 6me édition valdotaine. Vue de la Tour. — Aoste, Brivio, 1879, in-8° de 56 pages.

Le même. Paris, imp. P. Dupont, 1880, in-16.

Le même. Limoges, imp. Barbou, 1881, in-12.

Le même. Limoges, imp. C. Barbou, 1882, in-12.

Le même. Limoges, imp. M. Barbou, 1884, in-8° et in-12.

Le même. Limoges, imp. M. Barbou, 1885, in-12.

Le même. Tours, imp. Cattier, 1891-1894, in-8°.

Le même. Imp. Taffin-Lefort, 1894, in-8°.

VOYAGE AUTOUR DE MA CHAMBRE
ET LE
LÉPREUX DE LA CITÉ D'AOSTE

Voyage autour de ma Chambre suivi du Lépreux de la Cité d'Aoste, nouvelle édition d'après celle de St-Pétersbourg (1811). Revu et augmenté? — Paris, Delaunay, 1823, in-24 de XIX-210 pages.

Les mêmes. Paris, imp. Dondey-Dupré, 1825, in-18 de 8 feuilles 2/3.

Les mêmes. Paris, imp. Delauney, 1829, in-18 de 5 feuilles 1/3.

Les mêmes. Paris, imp. Delauney, 1829, in-32 de 192 pages.

Les mêmes. Paris, imp. Hiard, 1839, in-18 de 144 pages.

Les mêmes. Paris, Lemoine, 1845, in-32, de 132 pages.

Les mêmes, suivis des poésies de Gilbert. Paris, Boisgard, 1853, in-18 de 144 pages. Illustré.

Les mêmes. Paris, Palmé, 1872, in-18.

Les mêmes. Paris, Marpon et Flammarion, 1887, in-12 de 214 pages.

Les mêmes. Paris, imp. Charaire et Cie, 1894, in-8° de 124 pages et table, gravures.

LES PRISONNIERS DU CAUCASE

Les Prisonniers du Caucase, par l'auteur du Voyage autour de ma Chambre. — Chambéry, imp. R.-F. Plattet, 1827, in-24 de 96 pages.

Les mêmes. Chambéry, imp. Puthod, 1831, in-24.

Les mêmes. Limoges, F.-F. Ardant, 1868, in-12 de 119 pages.

Les mêmes. Limoges, Barbou, 1869, in-12, de 71 pages.

Les mêmes. Limoges, Barbou, 1872, in-12.

Les mêmes. Limoges, F.-F. Ardant, 1873, in-12.

Les mêmes. Limoges, Barbou, 1874, in-8°.

Les mêmes. Limoges, F.-F. Ardant, 1875, in-12.

Les mêmes. Limoges, Barbou, 1876, in-12.

Les mêmes. Limoges, F.-F. Ardant, 1878, in-12.

Les mêmes. Limoges, Barbou, 1878, in-12, de 71 pages.

Les mêmes. Rouen, Mégard, 1880, in-8°.

Les mêmes. Limoges, C. Barbou, 1880, in-12.

Les mêmes. Limoges, F. Ardant, 1882, in-12.

Les mêmes. Limoges, C. Barbou, 1883, in-8°.

Les mêmes. En écriture sténographique. — Paris, Bazin, 1885, in-18.

Les mêmes. Tours, Cattier, 1891, in-8°.

Les mêmes. Lille, Taffin-Lefort, 1893, in-8°.

LA JEUNE SIBÉRIENNE

La Jeune Sibérienne, par l'auteur du Voyage autour de ma Chambre. — Chambéry, imp. R.-F. Plattet, 1827, in-16 de 193 pages.

La même. Turin, Reycend, 1830.

La même. 1835, in-16.

Prascovie et la sœur du Lépreux ? Paris, imp. Le Clère, 1861, in-12.

La jeune Sibérienne. St-Gaudens, Vve Tajan, 1868, in-32 de 95 pages.

Les exilés de Sibérie. Limoges, F.-F. Ardant, 1868, in-12 de 143 pages.

La jeune Sibérienne. Limoges, Barbou, in-12 de 143 pages, gravures, 1869.

Les exilés de Sibérie. Limoges, F.-F. Ardant, 1873, in-12.

Prascovie et la sœur du Lépreux. Paris, Le Clère-Reichel, 1875, in-12 de 215 pages.

Les exilés de Sibérie. Limoges, F.-F. Ardant. 1876, in-12.

Les mêmes. Limoges, F.-F. Ardant, 1878, in-12 de 143 pages et gravures.

Les mêmes. Limoges, F.-F. Ardant, 1878, in-12.

Les mêmes. Limoges, F.-F. Ardant, 1879, in-12.

Les mêmes. Limoges, F.-F. Ardant, 1882, in-12.

Les mêmes. Limoges, F.-F. Ardant, 1885, in-12.

Prascovie ou la Jeune Sibérienne. — Tours, Cattier, 1886, in-8° de 116 pages et gravures.

La Jeune Sibérienne, nouvelle russe, avec notice biographique et littéraire. — Paris, Gauthier, 1887, in-8° de 32 pages.

La même. Paris, Firmin Didot, 1889, in-8°.

La Jeune Sibérienne. — Lille, Desclée de Brouwer et Cie, 1891, in-12.

Prascovie ou la Jeune Sibérienne. — Tours, Cattier, 1891, in-8°.

La Jeune Sibérienne. — Paris, Boulanger, 1893, in-32.

La même. Lille, Taffin-Lefort, 1893, in-8°.

Prascovie. Drame russe en 5 actes. — Lyon, Vitte, 1893, in-18.

VOYAGE AUTOUR DE MA CHAMBRE

ET

EXPÉDITION NOCTURNE

Voyage autour de ma Chambre. Expédition nocturne autour de ma Chambre. — Paris, Dondey-Dupré, 1828, in-8°, fig. de Chasselat.

Voyage autour de ma Chambre, suivi de l'Expédition nocturne. Préfaces de J. Claretie, six eaux-fortes de Hédouin. — Paris, Librairie des Bibliophiles, 1867, in-16.

Les mêmes. Abbeville, Briez, 1867, in-32 de 191 pages.

Les mêmes. Limoges, Barbou, 1868, in-12 de 216 pages et gravures.

Les mêmes. Paris, Librairie Jouaust, 1872, in-12. Avec six eaux-fortes d'Hédouin et portrait.

Les mêmes. Avec une étude et des notes d'Eugène Réaume. Portrait. Paris, Lemerre, 1876-1877, 3 in-16.

Les mêmes. Préface par J. Claretie. Six eaux-fortes d'Hédouin et portrait. Paris, Jouaust, 1877, in-16.

Les mêmes. Préface par J. Claretie. Six eaux-fortes d'Hédouin et portrait. Paris, Jouaust, 1877, in-8°.

Les mêmes. Avec notice, par A. France. Cinq eaux-fortes par Dupont. Paris, Lemerre, 1878, in-8°. Texte encadré de filets.

Les mêmes. Paris, Librairie des Bibliophiles, 1887, in-8°.

Les mêmes. Paris, Dupont, 1880, in-16.

Les mêmes. Limoges, M. Barbou, 1882, in-12.

Les mêmes. Limoges, M. Barbou, 1883, in-8°.

Les mêmes. Limoges, M. Barbou, 1884, in-8°.

Les mêmes. Edition soigneusement corrigée à l'usage de la jeunesse. — Rouen, imp. Mégard et Cie, 1887, in-8° de 213 pages, gravures.

VOYAGE AUTOUR DE MA CHAMBRE, EXPÉDITION NOCTURNE, LE LÉPREUX DE LA CITÉ D'AOSTE.

Voyage autour de ma Chambre, suivi de l'Expédition nocturne et du Lépreux de la Cité d'Aoste. — Paris, imp. Dubuisson, 1863, in-32 de 192 pages.

Les mêmes. Imp. Dubuisson, 1864, in-32 de 189 pages.

Les mêmes. Imp. Dubuisson, 1865, in-32 de 189 pages.

Les mêmes. Imp. Bernardin-Berbet, 1865, in-18 de 225 pages.

Les mêmes. Imp. Dubuisson, 1866, in-32, de 189 pages.

Les mêmes, suivis des Prisonniers du Caucase. Paris, Rigaud, 1869, in-8° de VII-184 pages.

Les mêmes. Edition collationnée sur les textes originaux. — Paris, Delarue, 1877, in-8° de 204 pages, table et 2 ff. n. ch. Imprimé sur papier de chine.

VOYAGE AUTOUR DE MA CHAMBRE. LA JEUNE SIBÉRIENNE. LE LÉPREUX.

Voyage autour de ma Chambre, la Jeune Sibérienne, le Lépreux. — Paris, A. Lemerre, 1884, in-12. Format elzévir sur papier vélin teinté avec 8 eaux-fortes dessinées et gravées par Dupont.

VOYAGE AUTOUR DE MA CHAMBRE. LES PRISONNIERS DU CAUCASE. LE LÉPREUX DE LA CITÉ D'AOSTE.

Voyage autour de ma chambre, les Prisonniers du Caucase, le Lépreux de la Cité d'Aoste. — Turin, Bibliothèque française, 1830, in-24.

Voyage autour de ma chambre, les Prisonniers du Caucase. — Boulogne, B. Boyer, 1876, in-16.

LE LÉPREUX DE LA CITÉ D'AOSTE. LES PRISONNIERS DU CAUCASE. LA JEUNE SIBÉRIENNE.

Le Lépreux de la Cité d'Aoste, les Prisonniers du Caucase, la Jeune Sibérienne. — Paris, C. Guenot, 1866, in-32 de 191 pages. 7me édition.

Les mêmes. Paris, imp. Rochette, 1869, in-32 de 191 pages.

Les mêmes. Limoges, Barbou, 1869, in-12 de 213 pages et gravures.

Les mêmes. Limoges, imp. M. Barbou et Cie, 1882, in-8° de 213 pages, gravures.

Les mêmes. Tours, imp. Rouillé-Ladevèze, librairie Cattier, 1886, in-8° de 144 pages, gravures.

LE LÉPREUX DE LA CITÉ D'AOSTE ET LA JEUNE SIBÉRIENNE

Il Lebboroso della citta d'Aosta e Brascovia. Traduzione di Achille Mami. — Milano 1833, in-12.

Le Lépreux et la Jeune Sibérienne. Paris, 1873, in-18.

Les mêmes. Paris, Vernay, 1881, in-16.

LA JEUNE SIBÉRIENNE. LES PRISONNIERS DU CAUCASE.

La Jeune Sibérienne, les Prisonniers du Caucase. — Paris, Dubuisson, 1864, in-32 de 183 pages.

Les mêmes. Paris, Bernardin Bechet, 1865, in-18 de 215 pages.

Les mêmes. Paris, Dubuisson, 1866, in-32 de 183 pages.

Les mêmes. Paris, Bernardin Bechet, 1876, in-18.

Les Prisonniers du Caucase, la Jeune Sibérienne. — Paris, Rigaud, 1879, in-8°.

Les mêmes. Limoges, M. Barbou, 1884, in-8°.

La Jeune Sibérienne, les Prisonniers du Caucase. — Paris, imp. Charaire et Cie, 1894, in-8° de 124 pages et table, gravures.

LES PRISONNIERS DU CAUCASE. LE LÉPREUX DE LA CITÉ D'AOSTE

Les Prisonniers du Caucase, le Lépreux de la Cité d'Aoste. — St-Gaudens, Vve Tajan, 1868, in-32 de 95 pages.

Les mêmes. Limoges, F. Ardant, 1873, in-18.
Les mêmes. Limoges, F.-F. Ardant, 1878, in-12 de 143 pages.

Les mêmes. Tours, imp. Cattier, 1886, in-8° de 120 pages et gravures.

POÉSIES

Le prisonnier et le papillon, publié par Sainte-Beuve, 1839, dans les portraits contemporains.

Cette poésie fut traduite en russe, puis du russe en français par un secrétaire d'ambassade qui ignorait son origine.

La même, publiée par J. Philippe (les Poëtes de la Savoie).

L'Auteur et le Voleur, L'amitié des chiens, fables traduites du russe de Krilof, publiées par J. Philippe (les Poètes de la Savoie).

L'ode à la lune — L'épitaphe d'un chat — Epitaphe, publiées dans les éditions de ses œuvres, par Desclée de Brouwer, 1885 et 1886.

FRAGMENTS-CORRESPONDANCE

Fragments ; correspondance inédite. Avec une notice et des notes par M. Eugène Réaume. — Paris, A. Lemerre, 1884, 2 in-12. Format elzévir sur papier vélin teinté.

Lettre du comte Xavier de Maistre à l'éditeur des Nouvelles Genevoises par Tœpffer. — Paris, Charpentier, 1844, in-12.

La même. Paris, Charpentier, 1846, in-12.

La même. Paris, Charpentier, 1849, in-12.

Lettre sur la retraite de Russie, insérée dans la correspondance diplomatique.

Description d'une Navigation sur la Néva qui sert d'introduction aux Soirées de St-Pétersbourg. Villemain, tableau du XVIIIme siècle, 23me leçon.

Ces deux dernières pièces publiées dans les Œuvres de son frère Joseph.

ŒUVRES LITTÉRAIRES

Le titre d'œuvres complètes n'est pas exact, puisque ces éditions ne contiennent ni ses premiers essais, ni ses travaux scientifiques.

Œuvres de M. le Comte Xavier de Maistre. — Paris, Dondey-Dupré, 1825, 3 in-18.

Œuvres du Comte X. de Maistre. Paris 1825, 4 t. en 2 in-18.

Œuvres complètes publiées par M. Valery. — Paris, Dauthereau, Dondey-Dupré père et fils, 1828, 4 in-32 (le prospectus annonçait 5 volumes), le premier de 299, le second de 142 pages et table, les troisième et quatrième de 206 pages.

Œuvres complètes. Nouvelle édition revue par l'auteur et accompagnée de 3 belles gravures. — Paris, Dondey-Dupré, 1828, 2 vol. in-8°.

Œuvres de M. le comte Xavier de Maistre. Nouvelle édition revue et corrigée par l'auteur. — Turin, chez les frères Reycend et Cie, 1830, 2 in-18, le premier de 220, le second de 216 pages.

« Les Prisonniers du Caucase » sont placés après « le Lépreux » dans le premier volume.

Les mêmes. Edition accompagnée de deux jolies gravures. — Bruxelles, J.-P. Méline, 1832, deux petits in-8°, le premier de 220, le second de 224 pages :

Œuvres. Paris, imp. Dondey-Dupré, 1833, 4 t. en 2 in-32, le premier de 240, le second de 187, le troisième de 210, le quatrième de 209 pages.

Les mêmes. Bruxelles, 1839, in-8°.

Œuvres complètes de X. de Maistre. Nouvelle édition précédée d'une notice sur l'auteur, par M. de Sainte-Beuve. Illustrations de G. Stall. — Paris, imp. Charpentier, Dondey-Dupré éditeur, s. d. (1839), in-12 de XL-386 pages. Première édition Charpentier.

Les mêmes. Nouvelle édition précédée d'une notice sur l'auteur par M. Sainte-Beuve. Illustrations de G. Staal. — Paris, imp. Ch. Blot, Garnier éditeur, s. d. (1839), in-12 de XL-368 pages.

Les mêmes. Paris, imp. Blot, Garnier éditeur, 1839, in-8°.

Les mêmes. Paris, Charpentier, 1840, in-8°.

Œuvres complètes. — Paris, Charpentier, 1841, in-12, portrait.

Les mêmes. Paris, Charpentier, 1844, in-12, de 16 feuilles 1/2.

Les mêmes. Paris, Charpentier, 1847, in-12, de 11 feuilles 1/2, portrait.

Les mêmes. Paris, Charpentier, 1851, in-12, de 15 feuilles, portrait.

Les mêmes. Paris, Charpentier, 1852, in-18, de 10 feuilles, portrait.

Les mêmes. Paris, Charpentier, 1854, in-18, de 10 feuilles, portrait.

Les mêmes. Nouvelle édition ornée du portrait de l'auteur dessiné d'après nature et gravé sur acier. — Paris, Bourdin, 1858, in-18 de 356 pages.

Les mêmes. Nouvelle édition ornée du portrait de l'auteur. — Paris, Charpentier, 1858, in-18 de 356 pages.

Les mêmes. Paris, Charpentier, 1859. Nouvelle édition in-18 de 356 pages.

Les mêmes. Paris, Charpentier, 1861. Nouvelle édition ornée du portrait de l'auteur, in-18 de 357 pages.

Les mêmes. Edition illustrée pour la première fois, précédée d'une notice sur l'auteur par Sainte-Beuve. Vignettes dessinées par Staal. — Paris, Claye, librairie Garnier, 1862, in-8° de XXXVI-471 pages.

Œuvres. Sans « La Jeune Sibérienne ». Paris, Vermot, 1863, in-12, de 231 pages, gravures.

Œuvres. Nouvelle édition revue et précédée d'un avant-propos, par Eug. Veuillot. — Paris, V. Palmé, 1863, in-12 de VIII-336 pages.

Œuvres choisies, avec la poésie : « le Papillon ». Paris, Hachette, 1864, in-18 de IV-294 pages.

Œuvres. Paris, Bernardin-Bechet, 1864, in-32 de 223 pages.

Œuvres complètes. Paris, imp. Blot, lib. Garnier, 1866, in-18, de XL-391 pages.

Les mêmes. — Paris, Charpentier, 1866, in-18, de XII-347 pages, portrait.

Les mêmes. Paris. Garnier, 1866, in-18, de XL-391 pages.

Les mêmes. Paris, Garnier, 1868, in-32, de XXXVI-471 pages.

Les mêmes. Paris, imp. Lahure, 1868, in-18 de 287 pages.

Œuvres. Paris, LeBailly, avec notice, gravures et portrait, 1869, in-18, de VIII-243 pages.

Œuvres complètes. Paris, Garnier, 1870. in-8° de 192 pages.

Œuvres choisies, avec la poésie « le Papillon ». Limoges, E. Ardant, 1870, in-8° de 192 pages.

Œuvres. Paris, Jouaust, 1871, in-8° de XII-112 pages.

Œuvres choisies. Paris, Hachette, 1872, in-18 de IV-294 pages.

Œuvres complètes. Paris, Charpentier, 1872, in-18, de XII-347 pages.

Œuvres complètes. Paris, Garnier, 1873, in-18, de XL-391 pages.

Œuvres. Paris, imp. Mlle Jamet, 1873, 2 in-18 de 240 pages.

Œuvres complètes. Limoges, E. Ardant, 1875, in-8°.

Les mêmes. Paris, Garnier, 1875, in-18, de XL-391 pages.

Les mêmes. Notice de Sainte-Beuve, illustration de Staal. — Paris, Garnier, 1876, in-12.

Les mêmes, suivies des premiers essais — de fragments et correspondance. Avec étude et notes, par Eugène Réaume. — Paris, Lemerre, 1876, in-18, portrait, 25 exemplaires sur hollande, 20 sur chine avec double épreuve du portrait.

Les mêmes. Avec notices et notes d'Eugène Réaume. — Paris, Lemerre, 1876-77, 3 in-12, portrait. (Petite Bibliothèque littéraire).

Œuvres choisies. — Limoges, F. Ardant, 1879, in-8°.

Œuvres complètes. — Paris, Garnier, 1879, in-8°.

Les mêmes, avec notice et notes par M. Louisy. — Paris, Firmin Didot, 1880, in-18.

Œuvres choisies. — Limoges, F. Ardant, 1881, in-8°.

Les mêmes. Paris, Hachette et Cie, 1881, in-18.

Œuvres complètes. — Paris, Charpentier, 1881, in-18.

Les mêmes. Paris, Garnier, 1881, in-18.

Les mêmes. Limoges, E. Ardant. 1882, in-8°.

Œuvres complètes de X. de Maistre. Nouvelle édition, précédée d'une notice. — Paris, E. Dentu, 1882, in-16. Bibliothèque choisie des chefs-d'œuvre français et étrangers.

Les mêmes. Paris, Garnier, 1884, in-18.

Œuvres. Tours, Cattier, 1884, in-18.

Œuvres complètes. — Limoges, E. Ardant, 1885, in-8°.

Œuvres. Corrigées pour la jeunesse. — Lille, imp. Desclée de Brouwer et Cie, 1885, in-8° de XXIII-387 pages. Papier teinté, encadrement en couleur. — Volume de la Collection littéraire, qui contient outre les œuvres : Le prospectus et la relation aérostatique — Une soirée d'été au bord de la Neva — La lettre sur Toppfer — *Poésies :* le Papillon — l'Ode à la Lune — l'Amitié des chiens — l'Auteur et le volume — l'Epitaphe d'un chat, etc.

Les mêmes. Lille, imp. Desclée de Brouwer et Cie, 1886, in-8° de XXIII-381 pages.

Œuvres complètes. Nouvelle édition, précédée d'une notice sur l'auteur, par M. Sainte-Beuve. — Paris, imp. Blot, librairie Garnier, 1886, in-18 jésus, de XL-391 pages.

Les mêmes. Paris, Dentu, 1888, in-16.

Les mêmes. Paris, Garnier, 1889, in-18, de XL-391 pages.

Les mêmes. Limoges, E. Ardant, 1891, in-8°.

Les mêmes. Paris, imp. Charaire et Cie, 1894, 2 in-8° de 124 pages et table, gravures. (Petite Bibliothèque diamant).

SUR XAVIER DE MAISTRE

SAINTE-BEUVE. *Portraits contemporains*, 1839. Xavier de Maistre.

LUC REY. *Xavier de Maistre, sa vie et ses ouvrages* (publié en feuilleton dans le «Courrier de Savoie», 1865, puis en brochure).

ERNEST NAVILLE. *Notice sur les œuvres de Xaxier de Maistre.* Mémoires de l'Académie des sciences, lettres et arts de Savoie. 2me série, t. 10, 1866, in-8° de 14 pages.

JULES PHILIPPE. *Les gloires de la Savoie.* Annecy, imp. Thério, 1863. 251 pages.

JULES PHILIPPE. *Les poètes de la Savoie.* Annecy, imp. Thério, 1865. 73 pages.

EMMANUEL DENARIÉ. *Xavier de Maistre, peintre.* Discours de réception à l'Académie des sciences, lettres et arts de la Savoie. Chambéry, imp. Savoisienne, 1895, in-8°.

TABLE DES MATIERES

IMPRIMERIE

DE

JULES-GUILLAUME FICK

(Maurice Reymond & Cie)

GENÈVE

Kascambo

hai luli, hai luli, que veux-tu me dire, prends garde alors (a chaque demande et chaque réponse, ils chantoient ensemble les couplets de la chanson [illegible] suivante.

Je suis triste, je m'inquiette
Je ne sais plus que devenir,
Mon bon ami devoit venir
et je l'attens ici seulette
hai luli, hai luli
Qu'il fait triste sans mon ami.

Ivan.

Je vais prendre cette [illegible] que est là tout [illegible]
Voyez la jamais
— ne la regardez pas — hai luli, et je [illegible] la tete a ce coquin.

Je m'assois pour filer ma laine,
le fil se [illegible] dans ma main.
allons ! je filerai demain
Aujourd'hui je suis trop en peine
hai luli, hai luli
ou peut donc être mon ami.

Kascambo.

Meurtre inutile, hai luli, comment ferai je [illegible].

Comme un petit veau suit sa mère
Comme un berger suit ses moutons
Comme un chevreau dans les vallons
va chercher l'herbe printanière
hai luli, hai luli,
Je cherche partout mon ami

24

Ivan

La clef des fers se trouvera dans les poches du brigand,

Lorsque je vais à la fontaine,
Le matin pour puiser de l'eau
Sans y songer, avec mon seau
j'entre dans ~~[illegible]~~ le sentier qui mène
Haï luli, haï luli
à la porte de mon ami.

Kascambo.

La femme donnera l'alarme. haï luli.

« Hélas je languis dans l'attente
« Et l'ingrat se plaît loin de moi
« Peut être il me manque de foi
« auprès d'une nouvelle amante.
« Haï luli haï luli
« Aurais-je perdu mon ami ?

Ivan.

Il en arrivera ce qui pourra ! ne mourrez vous pas tout de même haï luli, de misère et d'inanition ?

ah s'il est vrai qu'il soit volage,
s'il doit un jour m'abandonner.
Le village n'a qu'à brûler
Et moi-même avec le village.
Haï luli haï luli
A quoi bon vivre sans ami.

Fac-simile de l'écriture de Xavier de Maistre.

Duo de Kascambo et d'Ivan.

(Prisonniers du Caucase.)

AD PORTVM
FV

www.ingramcontent.com/pod-product-compliance
Ingram Content Group UK Ltd.
Pitfield, Milton Keynes, MK11 3LW, UK
UKHW020607180726
13838UKWH00001B/485